农民财经知识系列读本

解读农经热点

胡冬鸣　编著

中国财经出版传媒集团
中国财政经济出版社

图书在版编目（CIP）数据

解读农经热点 / 胡冬鸣编著． ——北京：中国财政经济出版社，2019.12

（农民财经知识系列读本）

ISBN 978-7-5095-9533-6

Ⅰ．①解… Ⅱ．①胡… Ⅲ．①农业经济－基本知识－中国 Ⅳ．①F32

中国版本图书馆 CIP 数据核字（2019）第 280626 号

责任编辑：李 冰　　　　责任校对：胡永立
封面设计：孙俪铭

中国财政经济出版社 出版

URL：http：//www.cfeph.cn

E-mail：cfeph@cfeph.cn

（版权所有　翻印必究）

社址：北京市海淀区阜成路甲 28 号　邮政编码：100142
营销中心电话：010-88191537
北京富生印刷厂印刷　各地新华书店经销
880×1230 毫米　32 开　7.375 印张　178 000 字
2019 年 12 月第 1 版　2019 年 12 月北京第 1 次印刷
定价：40.00 元
ISBN 978-7-5095-9533-6
（图书出现印装问题，本社负责调换）
本社质量投诉电话：010-88190744
打击盗版举报热线：010-88191661　QQ：2242791300

前　言

懂得农业经济、理解国家经济政策，对于系统理解中国新时期现代农业制度的创设及其发展规律，领悟进行农业社会主义现代化建设改革实践的方式方法，对于合理综合利用农业资源和科学技术成果，加大发展社会主义农业生产规模，加快农业现代化步伐，特别是全面把握我国农业经济活动的宏观和微观管理原则，都具有极其重要的意义。务农重本，国之大纲。中国经济发展的基础至今仍是农业。农业经济思想的产生最早可追溯到远古时代。中国春秋时期，孔子和孟子的著作中已经开始有了相关农业经营、土地制度、发展农业经济及其安定民生问题的阐述。中国古代的农业经济思想，在宏观方面强调富国安民，要求以农为本，减轻农民租税负担；在微观方面强调发展农业生产必须善于利用天时、地利，改良农业技术并精心管理。而阐述农业经济思想的代表著作有战国末期的《管子》和《吕氏春秋》、后魏时的《齐民要术》。当然，农业经济中的诸多问题成为研究的社会"热点"而受到经济学家的持续关注及政府的重视还要归功于资本主义农业的发展。18世纪中期，在英国出现了研究农业经济问题的专门著作《农业经济》，对新兴的资本主义农业大生产的优越性及生产要素的合理配合问题进行分析。19世纪中期以后，德国出现了研究农业经营和农业生产的区位配置的农业经济学著作《孤立国》。19世纪中期以后,资本主义国家的农业经济转向研究农业经营形态问题,注重探讨农业生产经营的合理集约度和合理的部门结构。20世纪20年代以后,美国对农业经济的研究趋于活跃,特别是研究资本主义条件下,农场主如何以最少的投资获得最大利润的原理、原则和方法,同时更加重视农产品运销及其农业金融问题的研究。30年代以后,由于资本主义的经济危机加深,农业日益陷于市场剧烈波动的威胁之中,农业经济的研究着重向农产品的市场预测倾斜,以及国家对农业生产的干预与调节方法方面发展。20世纪50年代以后,资本主义农业经济更强调定量分析,除了更加广泛运用统计方法外,又进一步运用了数学模型的方法。农业发展到当今进入互联网时代,农业经济的范围已经扩展到农业总产值计算、农场管理、农业生产经济、农产品运销及储备、农业金融、土地经济、农工商联合企业管理、大数据农业、农业政策、农业产业链等诸多更加专门的问题及领域。在我国,农业经济问题自建国以来一直受到我国各级政府的高度重视,其相关的管理方式及其管理方法随着我国经济改革的步伐也是在与时俱进不断进行着改革与创新。农业经济在当今已经不仅仅是解决一个十几亿人口的吃饭问题了,农业经济的发展问题也更像一个系统工程一样需要从国家经济发展的全局统筹规划并进行思考。农业发展中的所有制问题、产值计算问题、规模问题、结构问题、机械化问题、数字化问题、全产业链、托管、农产品进口问题几乎也都是农业经济问题。懂得现代中国农业经济需要我们有系统思维而且还要有战略高度。以前没有任何一个时代能够像现在这样对现代农业问题需要进行深层次多方面政策和技术层面的设

前　言

计,同时需要我们还要有国际视野。这本册子抓取了当前我国农业经济发展中的16个"热点"问题,从原理、实践、数据、看问题视野、历史维度多个方面进行了分析与阐述,涉及三权分置、农业生产方式、用益物权、科技扶贫、数字农业、农业期货、粮食储备、农业生产托管、农产品进口、耕地轮作休耕、新型农业经营主体等诸多在我国农业经济发展的改革实践中产生的新经济思想、新经济制度和新经济方式。作者对这些热点问题产生的经济背景、历史意义、中西方实践做法、目前已经取得的改革经验及存在的主要问题进行了多个视角多个层面的系统解答。旨在帮助广大农民朋友正确理解当前农业经济"热点"产生的机理,对农业经济问题能够进行系统的认识、全方位的理解。

改革会不断催生新事物新现象,对新事物新现象的理解也是一个不断自我完善不断自我提升的过程。作者水平有限,书中对农业经济问题的理解自然也会存在着一定的疏漏,但服务读者的初衷会激励着作者持续不断关注国家农业经济的改革和发展,写出更多值得农民朋友喜爱并受到关注的书籍。

作者写于融科香雪兰溪
2019年8月29日

目　录

1. "第一产业增加值"和"农业总产值"涵义解读 … （ 1 ）
2. 农村土地"三权分置"为规模农业扫平道路 …… （ 14 ）
3. 农村宅基地的"三权分置"让农民朋友吃下定心丸
   ……………………………………………………… （ 23 ）
4. "用益物权"并非晦涩难懂 ……………………… （ 33 ）
5. "科技扶贫"是授人以渔 ………………………… （ 40 ）
6. 理解"农业补贴"须有战略思维 ………………… （ 57 ）
7. "农产品期货"提前锁定风险和收益 …………… （ 70 ）
8. "农业生产性服务业"贯穿全产业链 …………… （ 82 ）
9. 中国的"农业经营方式"既传统又现代 ………… （ 97 ）
10. "农业生产托管"是一种稳定农业生产的新思路
    ……………………………………………………… （111）
11. "农产品进口"是一个不容回避的问题 ………… （123）
12. "粮食储备"是个系统工程 ……………………… （139）
13. "数字农业"彰显互联网时代特征 ……………… （152）
14. "新型农业经营主体"让农业现代化更具坚实基础
    ……………………………………………………… （165）
15. "耕地轮作休耕"不仅仅是让耕地歇一歇、让生态
    喘口气的问题……………………………………… （186）
16. "粮食紧平衡"是我国未来粮食供求的长期状态
    ……………………………………………………… （209）

1. "第一产业增加值"和"农业总产值"涵义解读

经济学中的第一产业是指各类职业农民提供各类水生、土生农业原始产品的行业。具体来讲就是粮农、菜农、棉农、猪农、豆农、渔民、牧民、瓜农、茶农在系列的农业生产活动中，利用生物的自然生长和自我繁殖的特性，人为控制其生长和繁殖过程，生产出人类所需要的不必经过深度加工就可消费的产品或工业原料的一类行业。第一产业的范围在各国不尽相同，一般包括农业、林业、渔业、畜牧业和采集业，有的国家还包括采矿业。根据我国《国民经济行业分类》（GB/T4754—2002）规定，我国一、二、三次产业划分范围如下：第一产业是指农、林、牧、渔业。第二产业是采矿业，制造业，电力、燃气及水的生产和供应业，建筑业。第三产业是指除第一、二产业以外的其他行业。第三产业包括：交通运输、仓储和邮政业，信息传输、计算机服务和软件业，批发和零售业，住宿和餐饮业，金融业，房地产业，租赁和商务服务业，科学研究、技术服务和地质勘查业，水利、环境和公共设施管理业，居民服务和其他服务业，教育，卫生、社会保障和社会福利业，文化、体育和娱乐业，公共管理和社会组织，国际组织。其实按国民经济"三次产业分类法"来划分国民经济中的产业部门,第一产业还可以解释成以利用自然力为主,生产不必经过深度加工就可消费的产品或工业原料的部门。把国民经济划分为三次产业是由英国经济学家、新西兰奥塔哥大学教授费希尔（A. B. G. Fischer）在1935年出版的《安全与进步的冲突》著作中首先提出的概念,后由英国经济学家克拉克（C. G. Clark）在1940年出版的著作《经济进步的条件》中对三次产业做了详细的划分,并总结了伴随经济发展的产业结构演变规律。第二次世界大战后,经济学界普遍遵循了这种划分方法来研究经济结构问题。

农业总产值是以货币表现的农林牧渔业的全部产品总量和对农林牧渔业生产活动进行的各种支持性服务活动的价值。它反映一定时期内（通常为一年）农林牧渔业生产总规模和总成果,是观察农林牧渔业生产水平和发展速度,研究农林牧渔业内部比例关系、农林牧渔业与工业、农林牧渔业与国家建设、人民生活比例关系的重要指标,同时也是计算农林牧渔业劳动生产率和农林牧渔业增加值的基础资料。在我国,由于第一产业是指农、林、牧、渔业,因而农业总产值就是农林牧渔业现价总产值,或者称作第一产业现价总产值。农业总产值的计算方法是：按农林牧渔业产品及其副产品的产量分别乘以各自单位产品价格求得。少数生产周期较长,当年没有产品或产品产量不易统计的,采用间接方法匡算其产值；最后将四业产品产值加总。1957年以前的农业总产值中包括了厩肥和农民自给性手工业（如农民自制衣服、鞋、袜,自己从事粮食初步加工）。1958年及以后的农业总产值,林业中增加了村及村以下竹木采伐产值；牧业中取消了厩肥产值；副业中取消了农

1. "第一产业增加值"和"农业总产值"涵义解读

民自给性手工业产值,增加了村及村以下办的工业产值;渔业中增加了海洋捕捞水产品产值。1980年及以后的农业总产值,副业中增加了农民家庭兼营工业商品部分的产值。从1984年起村及村以下工业产值划归工业。从1993年起取消副业,将野生动物的捕猎划入牧业,野生植物采集和农民家庭兼营商品性工业划归农业。据国家统计局相关数据显示统计,2007年农业生产总值在全国各项产业链中所占的比例最大,从而可以看出农业取代其他所有产业,成为当年全国最重要国民生产总值贡献产业。

  按照国家统计局农业总产值调查方案实际计算规定,农业总产值可以采用当年价格、可比价格及其不变价格三种价格进行计算。其中,当年价格指报告期的国家农产品收购价格,又称作现行价格。国家统购收购的农产品按照收购价格的平均价计算;国家统购收购以外的农产品按照产地初级市场大量上市时的平均价格计算;没有市场价格的按照农产品的生产成本计算。按当年价格计算的农业总产值反映当年的实际情况,而且使国民经济各项指标互相衔接,便于考察社会经济效益,便于政府在生产、流通、分配和消费之间进行综合平衡。但是,国民经济指标在不同年份之间进行对比时,因为包含各年间价格变动的因素,不能确切地反映实物量的增减变化动态,必须消除价格变动因素后对比,才能真实地反映经济发展动态。可比价格指对不同时期的价值量进行对比时,扣除了价格变动的因素,以确切反映物量的变化情况。按可比价格计算的方法有两种:一是直接按产品产量乘不变价格计算;二是用物价指数换算。不变价格指用某一时期同类产品的平均价格作为固定的价格。它用来计算各个时期的产品价值,目的是为了消除各时期价格变动的因素，不同时期对比可以反映生产的发展速度，以取得前后时期之间、地区之间、计划与实际之间指标的可比性。不变价格并不是永恒不变的价格，新中国建立以来，随着农业生产价格水平的变化，国家统计局先后五次制定了全国统一的农业产品的不变价格：（1）1949—1957年使用1952年不变价格；（2）1957—1971年使用1957年不变价格；（3）1971—1981年使用1970年不变价格；（4）1981—1990年使用1980年不变价格；（5）1990年开始使用1990年不变价格，直到2004年还在使用1990年价格进行计算。但2004年开始采用可比价格计算。即在2004年的农林牧渔业总产值共有三种价格数据。从2005年开始，农业总产值的计算主要采用可比价和现行价两种价格。

在实际产值计算中，对于种植业是指从事农作物栽培获得的产品产值；其他农业产值计算则采集野生植物产值和农民家庭兼营的工商业产值；其中，林业产值应是营林产值、采集林产品产值及其村及村以下采伐竹木产值之和；牧业产值应是饲养牲畜、家禽产值和出售畜禽产品产值之和；渔业产值包括从水域中捕捞的野生或人工养殖的动、植物产品产值。国内有许多学者对农业总产值的影响因素进行了各种模型分析和研究。其中主要有：农作物播种面积、化肥施用量、政府的农业生产和事业财政支持、第一产业从业人员数、农业的收入、经济增长等对农业总产值的影响。目前，专家学者普遍认同的制约我国农业总产值提高的主要因素有：

（1）耕地资源日趋减少。耕地逐年减少，人口逐年增加，人均粮食占比下降；工业化和城市化进程对土地的需求加大，农业总产值增加困难。

（2）自然灾害增加。在全球气候变暖的背景下，我国极端气候明显增多。水灾、旱灾、雨雪冰雹灾害频繁，病虫害防治压力加大。

（3）农村青壮年劳动力减少。每年我国都有大量的农村青壮年劳动力进城务工。大量的过去农产品生产者变成了现在农产品消费者，农村老龄化现象日趋严重。外出务工农民兼营农业，每年都在农忙季节回乡务农。一般每次回乡务农时间为两周到一个月；农业劳动时间投入不足，农业生产经营粗放；松散的小规模农业生产严重制约了农业劳动生产率和土地产出率的提高，影响了农村经济的发展。

（4）粮食生产成本持续增加。虽然我国全面取消了农业税，农民负担理应减轻，但是由于柴油、化肥、农药等农资成本的增加，导致了我国水稻、小麦和玉米的生产成本每年都以 $6\% \sim 8\%$ 的速度增长。

目前，国家统计局在农业总产值调查方法方面，规定农业总产值应是农林牧渔业产品的价值量及其对农林牧渔业生产活动进行的各种支持性服务活动的价值量。统计核算方法采用"产品法"进行计算，即用产品产量乘以价格求出各种产品的产值，然后把它们加总求得各业的产值，最后各业相加求出农林牧渔业总产值。同时采用统一的统计分类标准和编码，采取分级核算、层层汇总、逐级上报的方式报送数据。各级统计机构使用专业数据处理软件在规定的时间内采取分级审核、验收和汇总的方式进行数据处理。

农业发展关系民生，许多专家都对它的发展进行深入研究，并大多集中于农业机械化和技术化展开。主要有以下几点：

（1）发展现代农业规模。现代农业是以广泛应用现代科学技术、普遍使用现代生产工具、全面实行现代经营管理为本质特征和主要标志的发达农业。发展现代农业要求加快农业生产技术进步，加强农业基础设施建设，调整农业生产结构，转变农业增长方式，提高农业综合生产能力。大力增强农业科技创新和转化能力，取得一批具有自主知识产权的重大农业科技成果，加强农业技术推广和服务，深入实施农业科技入户工程，积极推进重要农时、重点作物和粮食主产区的机械化作业，突破农业发展面临的资源瓶颈问题，提高农业的综合素质和整体效益。加强农田水利基本建设，改造中低产田，加快兽医管理体制改革和动物疫病防控体系建设，推进农产品加工、储运、流通设施建设，提高农业抗御自然灾害的能力和转化增值的能力。需要说明的是，新基因、新资源的挖掘将是未来农业领域竞争的焦点，新品种的培育将会推动整个养殖业的快速发展。积极发展新型肥料、低毒高效农药、多功能农业机械及可降解农膜等新型农业投入品。优化肥料结构，加快发展适合不同土壤、不同作物特点的专用肥、缓释肥。加大对新农药创制工程支持力度，推进农药产品更新换代。同时，尽快制定有利于农用工业发展的支持政策。农产品的质量和安全是中国农业二次创业的最大商机，而土壤健康和安全是第一基础，土壤修复将是中国农业的下一个万亿级"风口"。

（2）推广节约型农业项目。积极开发运用各种节约型农业技术，提高农业资源和投入品使用效率。大力普及节水灌溉技术，启动旱作节水农业示范工程。扩大测土配方施肥的实施范围和补贴规模，进一步推广诊断施肥、精准施肥等先进施肥技术。改革农业耕作制度和种植方式，开展免耕栽培技术推广补贴试点，加快普及农作物精量半精量播种技术。积极推广集约、高效、生态畜禽水产养殖技术，降低饲料和能源消耗。其中，2016年12月财政部、农业部联合印发了《建立以绿色生态为导向的农业补贴制度改革方案》提高补贴资金使用的指向性；增量资金重点向资源节约型、环境友好型农业倾斜，促进农业结构调整，加快转变农业发展方式。

（3）积极发展农业机械化。要改善农机装备结构，提升农机装备水平，走符合国情、符合各地实际的农业机械化发展道路。加快粮食生产机械化进程，因地制宜地拓展农业机械化的作业和服务领域，在重点农时季节组织开展跨区域的机耕、机播、机收作业服务。建设农机化试验示范基地，大力推广水稻插秧、土地深松、化肥深施、秸秆粉碎还田等农机化技术。鼓励农业生产经营者共同使用、合作经营农业机械，积极培育和发展农机大户和农机专业服务组织，推进农机服务市场化、产业化。加强农机安全监理工作。2017年1月，工信部联合农业部、发改委印发《农机装备发展行动方案（2016—2025)》的通知。其中提出到2025年，要形成3~5家具有国际影响力和较强国际竞争力的农机行业领军企业，全国农作物耕种收综合机械化率达到75%以上。未来农业机械服务将成为新的利润增长点，特别是农机维修、技术、租赁等领域。农机企业要加大服务资源的投入，使之标准化、专业化、科学化，改变原有的服务模式。农业机械服务需求旺盛，市场规模有望进一步扩大。据报告预计，到2020年，我国农业机械服务经营收入将达8682亿元。

（4）推进农业大数据应用。用信息技术装备农业生产，对于加速改造农业具有重要意义。应健全农业信息收集和发布制度，整合涉农信息资源，推动农业信息数据收集整理规范化、标准化。加速和推进农业和农村信息化的金农工程建设，建立农业综合管理和服务信息系统。2015 年 9 月，在国务院印发的《促进大数据发展行动纲要》中提出在 2018 年底前建成国家政府数据统一开放平台。2020 年底前，逐步实现信用、交通、医疗、卫生、就业、社保、地理、文化、教育、科技、资源、农业、环境、安监、金融、质量、统计、气象、海洋、企业登记监管等民生保障服务相关领域的政府数据向社会开放。未来的农业大数据资源将覆盖农业自然资源与环境数据（包括土地资源数据、水资源数据、气象资源数据、生物资源数据和灾害数据）；农业生产数据（包括种植业生产数据和养殖业生产数据）；农业市场数据（包括市场供求信息、价格行情、生产资料市场信息、价格及利润、流通市场和国际市场信息）；农业管理数据（包括国民经济基本信息、国内生产信息、贸易信息、国际农产品动态信息和突发事件信息）。

第一产业增加值是产品直接取自自然界的部门（包括种植业、林业、牧业和渔业）在这个清算周期（一般以年计）比上个清算周期的增长值。第一产业增加值在国家统计局农业总产值调查方案中又称作农林牧渔业增加值，是指农、林、牧、渔及农林牧渔服务业生产货物或提供服务活动而增加的价值，为农林牧渔业现价总产值扣除农林牧渔业现价中间投入后的余额。理论上讲，增加值也叫附加价值或追加价值，是指各单位生产经营的最终成果，即本单位或本行业对社会所作的贡献。从宏观上来说，增加值是计算国内生产总值的基础，即各部门增加值之和就是国内生产总值；从微观上来说，增加值能客观反映企业单位或行业的投入、产出、效益、速度和收入等

1. "第一产业增加值"和"农业总产值"涵义解读

情况。计算增加值不仅是国民经济宏观管理的需要,也是微观的企业和行业管理的需要。增加值和总产值相比较,一个最大的优点在于增加值避免了中间产品的重复计算,消除了总产值计算时的重复因素,计算结果是社会最终产品的价值。1992年开始,国家统计局每年的国民经济和社会发展统计公报数据均采用了第一产业增加值的格式。但随着经济结构的调整,第一产业增加值在国民生产总值中所占比重在不断下降。特别是2017年第一产业增加值在国内生产总值中的比重下降到7.9%,较上年低0.7个百分点,下降幅度是2007年以来最大的。主要原因是当年工业生产者出厂价格环比上涨6.3%,而农产品生产者价格环比下降3.5%。国内生产总值名义增长速度高出实际增长速度4.3个百分点,而第一产业增加值名义增长速度低于实际增长速度1.1个百分点。受第三产业增加值比重增加的左右,2018第一季度,第一产业增加值在国内生产总值中的比重下降到4.5%,下滑态势明显。

国家统计局每个年度农林牧渔业增加值的调查范围包括农作物种植业、林业、畜牧业、渔业和农林牧渔服务业。调查对象是全部农业生产经营户和经营单位,抽中的农业生产经营户和经营单位。调查内容是农林牧渔业中间消耗,主要农产品中间消耗,即农林牧渔业生产过程中消耗的物质产品和劳务价值。如种籽、饲料、肥料、燃料、农药、农机具等物质产品消耗与修理、运输、防疫、技术咨询等生产服务支出。农林牧渔业中间消耗调查采取全面统计方法,主要农产品中间消耗调查采取抽样调查方法。计算的口径范围与农林牧渔业总产值保持一致,即与农林牧渔业总产值相对应的生产过程中所消耗的物质产品和服务活动。数据采集中,农林牧渔业中间消耗为年度报表，通过层层汇总、逐级审核上报的方式报送国家统计局农村司；主要农产品中间消耗为季节报表，由各抽中调查县国家统计局县级调查队（统计局）通过联网直报方式，按照本制度报表规定的调查内容、上报时间直接向国家统计局农村司和所在省（区、市）国家统计局省级调查总队报送调查网点原始数据，各调查总队向国家统计局农村司报送综合数据。在数据处理软件中各级统计机构在规定的时间内采取分级、分品种审核、验收和汇总的方式进行数据处理。

采用生产法计算第一产业增加值或称作农林牧渔业增加值的计算公式是：农林牧渔业增加值＝农林牧渔业现价总产值－农林牧渔业现价中间消耗

其中，农林牧渔业中间消耗指在一定时期内农林牧渔业生产过程中所消耗的物质产品和劳务价值。中间消耗包括物质产品消耗和生产服务支出两个部分。物质消耗指在一定时期内农林牧渔业生产过程中消耗的各种农业生产资料和发生的各项支出的市场价值。主要包括用种、饲料饲草、肥料、燃料、农药、农膜、小农具、养殖用药、水费、电费、棚架材料费、办公费以及其他物质消耗。具体来讲，种植业、林业用种量指种植业和林业产品生产中实际使用的自留种籽和购买种籽、树苗等数量及支出。自产的和他人无偿提供的按正常购买期市场价格计算，购入的按实际购买的价格加其他杂费支出计算。畜牧业、渔业用种量指畜牧业和渔业产品生产中实际使用的向外购买的仔畜（禽）、鱼（蟹、虾）苗、种蛋和种蚕等数量及其支出。仔畜（禽）按购进的实际价格计算。鱼（蟹、虾）苗按实际购买价格加上各项运费、杂费支出计算。化肥指农业、林业的生产过程中所实际施用的各种化肥。包括氮肥、磷肥、钾肥、复混肥以及钙肥、微肥、菌肥等其他肥料。其中复混肥包括复合肥和混配肥，复合肥是指用化学方法合成的含两种以上营养元素的化肥；混配肥是指用机械混合的方法加工而成的、含两种以上营养元素的化肥；其他化肥包括钙肥（如生石灰、消石灰）、微肥、菌肥、土壤调理剂等。植物生长调节剂计入化肥中的"其他"项目。购买的化肥按照实际购买价格加上为购买化肥而发生的杂费支出计算，政府或者他人无偿或低价转让的按照正常购买期当地市场价格折算。化肥用量指生产过程中实际施用的氮肥、磷肥、钾肥及复混肥的有效成分数量。农家肥、绿肥指生产过程中实际施用的农家肥、绿肥数量和支出金额。农家肥包括人的粪尿、牧畜的粪尿、副产品沤制的肥料等。购买的农家肥按照实际购买价格加上相关杂费支出计算。生产者积攒的农家肥，按照市场价格计算。绿肥按照绿肥的种植成本计算。燃料指烤制烟叶、烘炒茶叶等初制加工、大棚保暖及自用机械作业等生产过程中所耗用的煤、柴油、汽油、机油等燃料动力的支出，均按实际支出计算。农膜指生产过程中耗用的塑料薄膜，按实际购买价格计算。其中，地膜按照当年实际用量一次性计入，棚膜按两年分摊计算。农药指种植业和林业产品生产过程中用来杀灭昆虫、真菌和其他危害作物生长的生物的药物。包括杀虫剂、杀菌剂、杀螨剂、杀线虫剂、杀鼠剂、除草剂、脱叶剂等。购买的农药按实际购买价格计算，自产的按市场价或成本价作价。饲料饲草指饲养耕畜和牧业生产中各种肉用畜、家禽、蚕、兔、蜂等及发展养殖渔业所消耗的各种饲料数量及其费用。饲料饲草包括精饲料、青粗饲料、食盐和其他饲料。精饲料包括：配合饲料、混合饲料、粮食、糠麸、油饼、饲料添加剂等。青粗饲料包括野生采集植物、青饲料、农作物秸秆。购进的饲料按实际价格计算，自产自制的按实际支出费用或用工作价计算。小农具购置费指农业生产过程中所消耗的小农具的价值。凡是当年购买，价值较低，使用时间在两年以下的小农具，可一次性计入；价值较高，但在1000元以下，且使用年限在一年以上的，按使用年限分次计入。畜牧水产用药品指牧业和渔业生产单位在外购买的用于本单位对各种牲畜和水产品进行配、育种及对畜禽进行病害防疫、治病所消耗的各种药品、器械等物质消耗。物质消耗按购买农业生产资料或其他物质产品时所实际支付的价值计算。对于不是从市场购买（包括自己拥有、接收捐赠或补贴）的农业生产资料或其他物质产品，要按照市场价格进行折价计算。农产品价格调查实行抽样调查，采用统一的统计分类标准和编码，各级统计机构和业务主管部门必须严格执行。农产品生产者价格为季度调查，农产品集贸市场价格为月度调查。农产品生产者价格应该是指农产品生产者第一手（直接）出售其产品时实际获得的单位产品价格，其调查采取被抽中单位记账方式；农产品集贸市场价格是指全国农产品主产区集贸市场主要农产品的成交价格，其调查采取现场访问的方法。数据处理使用联网直报方式，在规定的时间内、在统一的数据处理软件中各级统计机构进行分级审核、验收和汇总的方式处理数据。

  生产服务支出指在一定时期内农林牧渔业生产过程中各部门对农林牧渔业生产提供的劳动服务的价值。包括修理费、外雇运输费、生产性邮电费、外雇排灌费、外雇机械作业费、配种费、防疫费、技术服务费、上缴管理费、保险费、职工教育费、差旅费、会议费和其他服务费用等。生产服务支出按照农林牧渔业生产过程中实际对外支付的生产服务费用计算。生产者利用自有机械设备等投入的生产服务不需要进行折价计算,但提供服务过程中产生的物质消耗分别计入相应消耗项目。

2. 农村土地"三权分置"为规模农业扫平道路

我国农村土地三权分置是指形成所有权、承包权和经营权三权的分置,但其中的重点是经营权,也就是要赋予经营权法律位置。具体来讲,农村土地的"三权分置"就是所有权归集体,承包权归农户,经营权则可流转,在农民无失地之忧的前提下实现耕地流转,发展适度规模经营。从目前来看,提出三权分置的理由主要有以下三个方面:

(1) 需要进一步明晰农村集体所有权的内涵。虽然我国法律对集体经济组织的权利进行了描述,《物权法》《土地管理法》等法律法规规定由村集体经济组织或者村民委员会代表集体行使所有权,但并没有明确集体经济组织的主体内涵,特别是集体经济组织的组织形式和市场地位。农村集体所有权主体涵义模糊不清,特别是涉及土地所有权和用益物权两个方面相关界限划分这一敏感问题时还是显得软弱无力。而从农民朋友的实际理解来看,大部分农民朋友还是将村民委员会等同于农村集体经济组织。追溯历史来看,作为土地所有权主体的农村集体经济组织的概念自 20 世纪 80 年代土地制度改革之后便逐渐被弱化了,即使新修订后《土地管理法》对其仍只是

2. 农村土地"三权分置"为规模农业扫平道路

给出一个概念，并没有详细的阐述。产权关系的模糊容易导致农民承包权受到侵害，这也是在土地流转前期农民积极性不高的原因之一。长期以来我国的集体经济组织没有一个明确的市场地位，其从事正常的市场经济活动需要按照企业实体开展经济活动进行注册管理。2019年8月26日通过的《土地管理法》修订案在集体经营性建设用地方面，改变了过去农村土地必须征为国有才能进入市场的规定，能够给广大农民朋友直接增加财产性收入。同时在集体建设性用地入市的时候，修订后法律要求必须由村民代表大会，或者村民会议三分之二以上的成员同意才能入市。"三权分置"政策明确规定，在依法保障集体所有权和农户承包权的基础上，平等保护经营主体的合法经营权，并保障经营主体稳定的经营预期，而在后期土地管理法的修订则以法律的形式明确了集体土地流转谁说了算的问题。该规定对于发展种植大户、家庭农场、农村经济合作社等多种新型经营主体具有积极的意义。从这些规定来看，首先，稳定的经营权，减少了经营主体投资农业活动时的顾虑，经营主体在进行农业活动时敢于加大各项配套设施的投入，从而促进农业发展方式的升级与农业生产效率的提高；其次，经营权可抵押性有利于经营主体发展农业引入所需资本，从而稳定经营主体的农业生产活动，进而促进农业生产的良性循环。而从辩证的角度来看，"三权分置"进一步明晰农村集体所有权的具体组织形式及其法人主体位置，有利于农村集体所有权的内涵随着经济改革的深入更加具体和明晰起来。

（2）需要协调承包农户与经营主体间的利益。2003年开始实施的《农村土地承包法》曾规定了农民对于承包的土地依法享有承包地使用、收益和土地承包经营权流转的权利，有权自主组织生产经营和处置产品；承包地被依法征用、占用的，有权依法获得相应的补偿；同时还有法律、行政法规规定的其他权利。但长期以来对于承包权与经营权分离后各自的权能划分，特别是分离后的经营权是作为物权还是债权尚存在争议。从我国农村经济改革有利发展来看，在实践操作中需要切实维护承包农户与经营主体间的利益平衡，并将这种利益平衡体现在承包权与经营权分离后各自的权能划分方面，权能划分的模糊将直接干扰着农业生产效率的发挥。承包权与经营权权能的划分一方面要考虑土地对于承包农户的收益和社会保障力度，另一方面也要考虑土地为经营主体带来的收益及农业生产方式的优化水平。要通过两个方面综合考虑来协调承包者与经营者之间的利益关系。

（3）需要加强农村土地流转过程中的规范与科学。农村土地在流转过程中，工商资本的过多进入会造成粮食种植面积缩减、耕地非农用等一系列风险问题的频发。资本的逐利性以及粮食作物的低成本利润率会导致资本进入土地市场之后，将耕地用于非粮食作物的种植或者进行非农用开发或建设，从而降低我国农业的自给自足程度，损害农民的利益。为此，必须保障农村土地用途的规范性与科学性。在放活农村土地经营权后，国家应当及时制定相应的法律法规，限制农村土地用途以保证农地农用，同时，农业相关部门应当制定科学的农村土地种植标准，避免出现非科学化大规模种植的情况。需要强调的是，农业的多种形式经营应当建立在家庭联产承包责任制的基础上，以保证农业的可持续发展与现代化进程。"三权分置"政策强调坚持农村土地集体所有权的根本地位，通过农村集体土地所有权的有效实施约束不合理的征地行为，保护农户的利

2. 农村土地"三权分置"为规模农业扫平道路

益，同时能够确保农村土地的承包者与所有者合理利用土地资源，从政策上禁止农地非农用行为的发生，从而保护集体耕地的整体利益不会受到侵害。

20世纪70年代末期，国家经济建设发展战略转变所遭遇的约束条件是当时依旧计划经济主导的农村经济体制。1977年农村人口占比和就业人数占比分别高达82%和77%，但农村经济面临着人民公社制、户籍制度和农产品统购统销制的约束。这种矛盾需要我们在农村土地制度和经营体制领域做出变革。正是基于这种背景，国家开始实行两权分离的农地产权制度。集体拥有土地所有权，以此来体现对此前制度的延续，同时农民以家庭为单位拥有土地承包经营权，以此来体现对此前制度的变革。但这种变革是在不改变集体所有权的前提下，通过放活农地承包经营权来激发农民的生产经营的积极性，为农业投资增长和农业生产力发展提供动力源泉。从实施的角度看，中共中央肯定了各种责任制，包括小段包工定额计酬、专业承包联产计酬、联产到劳、包产到户、到组、包干到户、到组，都是社会主义集体经济的生产责任制。但是以家庭为单位的农民土地承包经营权利在期限和范围上是有约束的，即法律层面承包土地的农民就是操作层面经营土地的农民。1982年的《全国农村工作会议纪要》就规定了社员承包的土地，不准买卖，不准出租，不准转让，不准荒废，否则，集体有权收回。1983年，实施包产到户、包干到户的生产队在生产队总数中已占据绝大多数。农民的经营努力与自身经济收益产生了直接关联，形成了农业生产力的强大动力，1978至1984年，我国的粮食总产量从3.05亿吨快速增至4.07亿吨，同期城乡收入差距也从2.57倍持续减至1.84倍。

进入 20 世纪 90 年代中期之后，国家的发展战略依然是推动生产力的解放和发展，但面临的约束条件却是城乡要素流动性的增强问题，特别是劳动力出现了跨产业、跨地域和跨部门的流动，农村大量劳动力进行非农转移成为推动经济社会结构变迁的重要力量。发展战略和约束条件的组矛盾需要对此前的农地产权制度进行调整，调整方向是在不改变集体所有和农户承包的前提下，允许农户在承包期内通过出租、互换、转让、股份合作等方式实现土地使用权的流转，从而实现土地在承包户和其他农业经营者之间的再配置。1993 年中央政府提出在原定的耕地承包期到期之后，再延长 30 年不变，而且强调在坚持土地集体所有和不改变土地用途的前提下，经发包方同意，允许土地的使用权依法有偿转让。这体现出对此前农户承包土地后不可流转规定的重要政策调整。此后的法律政策延续了这种调整思路，1994 年之后，中央政府对地方政府进行经济放权，地方政府有动力通过影响要素配置来实现自身利益最大化。就农地产权制度而言，地方政府既可影响农村集体参与土地所有权配置决策中权益的多少，还可通过推动农地承包经营权流转来提高辖区内的经济增长，而土地出让收入在地方财政收入中往往占据显著地位，而农地转向城市用地则依赖于地方政府的安排，但这一时期围绕着农地承包经营权的再配置却因农村劳动力大量转移得到了空前发展。2003 开始实施的《土地承包法》规定，通过家庭承包取得的土地承包经营权可以依法采取转包、出租、互换、转让或者其他方式流转。2013 年我国家庭承包耕地流转面积已达到 3.41 亿亩，占家庭承包经营耕地面积的比重也攀高至 25.7%。然而这种制度在实施中也遭遇到了诸多挑战：一是承包户拥有的是完整的土地承包经营权，但流转的通常只是这种权利的一个部分，承包权和流转权之间的差别无法体现出来。二是地方政府在农地配置中的影响成为城乡经济不平衡的一个重要成因，而土地财政就是此类影响的集中体现。原有的农地产权制度存在着重新调整的内在需要。党的十八大以来，国家的发展战略从解放和发展生产力转向强调统筹协调的经济发展，提出了创新、协调、开放、绿色、共享的发展理念。党的十九大报告提出我国经济社会发展进入新时代，且在社会主要矛盾中凸显了对不平衡不充分发展的关注。然而，在城乡关系上面，仍存在要素配置和收益分配的不平衡的深刻矛盾。

"三权分置"的中心思想是在坚持农地集体所有制的基础上，在农户承包经营权的基础上分解出承包权和经营权，以此实现农民的多样化选择、土地的社会化配置和城乡要素的双向流动，并在农村经济效率提升和社会秩序平稳之间形成更优平衡。从政策文本来看，2014年中央一号文件首次提出："在落实农村土地集体所有权的基础上，稳定农户承包权，放活土地经营权，允许承包土地的经营权向金融机构抵押融资。"意味着农地"三权分置"从指导思想转变为实际操作，三权分置随即被视为是我国农地产权制度变革的基本方向。"三权分置"强调要落实集体所有权，原因在于集体所有权是稳定承包权和放活经营权的前置条件，农地所有权通常由村党支部委员会和村民委员会集体组织来行使，"村两委"既是经济组织，也是行政组织，某种程度上是行政层级在农村的延伸。从"三权分置"的内涵来看，落实集体所有权意味着中央政府和地方政府经济一致性的增强，即中央政府通过深化财政制度改革和行政激励体制改革，减弱地方政府对土地配置的实际影响力。"三权分置"强调要激活土地经营权的原因在于从承包经营权中分解出承包权和经营权,可以面对土地承包者未必是实际经营者的事实,通过经营权流转实现土地的社会化配置,进而拓展农民的选择范围和收入渠道,提高土地要素的流动性和配置效率。这里的关键是在对土地所有权规范的同时,充分地激活土地经营权在不同主体之间的流动和交易,促使土地流转价格成为市场稀缺性资源的重要变量。土地流转市场放松还意味着城乡之间资本、劳动力要素的双向流动增强,资本下乡、技术下乡能够得到土地制度的支持,各类微观主体在城乡间配置要素的自主性在增强。考虑到农地还承载着农民的部分社会保障功能,"三权分置"在不触动农户承包权的前提下,通过经营权流转来提高土地的配置效率,并保障城市化进程中农民退回农村仍具有"安全保障",等于在土地经济效率提高和社会保障功能发挥之间找寻到新的平衡点。需要说明的是,"三权分置"所形成的新型权利结构并不是否定或取消了此前的权利类型。它在产权细分的条件下拓展了农民以及其他经营者的选择范围。与此相适应,我国农村出现了三种意义上的农民:一是承包土地且自身耕作土地的农民,他们拥有完整的土地承包经营权;二是承包土地但不直接耕作土地的农民,他们保留土地承包权并让渡土地经营权,这主要体现为常年外出打工的农民工。这个群体构成了农地流出者的主体部分;三是不具有土地承包权但实际耕作土地的农民,他们通常是进入农业的专业大户、龙头企业等新型农业经营主体,这类农民通过引入外部资本、技术、信息、经营模式等推动了农业经营方式变革。

"三权分置"涉及不同层级政府、农村集体、个体农户以及土地实际经营者的复杂关系，容易产生"三权分置"因不同利益相关者的激励相容难题。"三权分置"应在今后重点理顺如下经济关系并有所政策方面的创新：一是坚持尊重农民土地配置的自发选择。不同地区的发展水平存在显著差异，同一农村地区中不同农户的经济条件并不相同，融入城市的意愿和能力也不一致。农民在承包土地后可能自己直接耕种，或者可能让渡土地经营权，还有可能这段时间让渡土地但那段时间耕种土地。推进"三权分置"不是要强制要求农户必须让渡土地经营权，而是要在承包经营权分解为承包权和经营权的基础上，适应农民行为分化的事实，拓展农民的土地配置选择空间，允许、鼓励但不强迫农民开展土地流转，将尊重农民土地配置的自发选择作为"三权分置"制度变革的首要基准。二是完善地方政府的经济激励方式。现阶段我国的农村集体组织事实上还受到上级政府的较强影响。在分权改革条件下，地方政府如果面临着财权—事权不匹配和突出经济增长，其就有动力和能力介入到农村集体的土地配置中，从而对"三权分置"的制度变革产生不利影响。换句话说，地方政府对农地配置的介入源于经济增长导向的行政考核机制及其资源要素掌控权力。就效应而言，这种介入会影响"三权分置"制度变革的稳定性和连续性。推进"三权分置"、尤其是落实集体所有权，首先需要清晰界定地方政府和农村集体之间的权利边界，防止地方政府利用行政权力干预农村集体的土地权利。国家需要凸显农村集体作为土地所有权的权利主体，通过国家财政体系改革形成各层级政府财权—事权匹配的格局，促使地方政府转向为民生、协调和创新而竞争，减弱地方政府依靠干预土地要素配置来推高短期的经济增长速度。三是推动城乡之间生产要素的市场化进程。激活土地经营权必须与资本、技术、劳动力等要素结合才能实现，而资本、技术、劳动力与农地的结合却依赖于要素的市场化。而使市场在资源配置中起决定性作用的关键是提高要素市场化进程，降低和减弱要素进入农村从事经营的体制障碍，通过要素市场化形成农地流转的强大拉力。同时，资本要素下乡还意味着土地的经济功能在凸显，社会保障功能在减弱。政府必须构建基本公共服务城乡一体且可相互转换的社会保障体系，通过降低或剥离土地的社会保障功能来推进"三权分置"制度变革。四是提高农村土地流转进程中的交易效率。"三权分置"意味着部分农户保留承包权但让渡经营权，且伴随着城市化进程的推进，这种类型的农户数量将呈现持续增长。承包户让渡经营权、其他主体获取经营权，其交易效率与地方政府的公共产品供给紧密相关。"三权分置"过程中地方政府对土地配置的直接干预减弱后，会对土地流转中公共产品的供给功能增强，包括建立和完善农村土地流转信息平台，加强农村道路、桥梁、电信、通讯基础设施建设，以及保障土地流转合同的有效性等等。这些政策举措均能提高农地流转的交易效率，从而在激活经营权的基础上实现"三权分置"制度变革的预期目标。

3. 农村宅基地的"三权分置"让农民朋友吃下定心丸

　　2018年2月4日，在《中共中央、国务院关于实施乡村振兴战略的意见》（简称"中央一号文件"）中提出探索农村宅基地所有权、资格权、使用权的"三权分置"，落实宅基地集体所有权，保障宅基地农户资格权和农民房屋财产权，适度放活宅基地和农民房屋使用权的要求。其实，进行"三权分置"改革原因在于现行宅基地制度存在的问题日益突显出来。随着城镇化进程的加快，我国每年有大量农民离开农村而迁移到城镇，农村出现大量农房、宅基地常年被闲置的状况。中国社会科学院农村发展研究所《中国农村发展报告（2017）》数据显示，21世纪第一个10年，农村人口减少1.33亿人，农村居民点用地反而增加了3045万亩，相当于现有城镇用地规模的1/4。每年因农村人口转移，新增农村闲置住房5.94亿平方米，折合市场价值约是4000亿元。大量的农房和宅基地的闲置并任其破败是一个很大的浪费，利用起来就是一笔很大的财富。"三权分置"中宅基地的使用权可以用来抵押、流转，有农房闲置的农户可以获得收益的同时，又让有需求的单位或个人能够满足自己的经营需求。农村宅基地三权分置更多是在探索过程中针对于一户多宅、空挂户和宅基地荒废的实际情况，采取出资回购或对超出规定使用面积的农户收取有偿使用费来最大限度保护和利用农村空置房屋的一项重要举措。这里需要说明的是，进行"三权分置"改革的目的是鼓励探索宅基地"三权分置"具体形式，鼓励发展乡村旅游、新产业新业态，结合下乡返乡创新创业先行先试，在实践中探索盘活利用闲置宅基地和农房增加农民财产性收入的办法，加快形成可推广可复制的经验。当然，中央一号文件也对改革提出了底线要求，明确提出一个"不得"和"两个严"，即不得违规违法买卖宅基地，要严格实行土地的用途管制，严格禁止下乡利用农村宅基地建设别墅大院和私人会馆。

  宅基地三权过去属于集体所有，但由于国家对土地一直实施宏观调控，所以建设用地一级市场一直由政府垄断，而农村宅基地也属于建设用地范畴。宅基地虽然属于村集体所有，但农民个人既不能买、也不能卖，更不能利用宅基地进行开发建设，所以过去几十年时间里农民在宅基地上的话语权一直比较弱，而宅基地的巨大商业价值也一直在民间沉睡。随着乡村振兴战略的提出，发展农村、振兴农村、致富农村成为了当下的社会各界的热词和各级政府的主要工作。中央一号文件首提宅基地"三权分置"下使用权放活，政府将允许农民申请公共租赁住房和以换股权、换货币的形式，利用自己的宅基地从事乡村旅游或者农家乐一系列经营开发，农村宅基地的价格也将大幅度提升。中央一号文件指出，各级政府不得以退出宅基地作为农民进城落户的条件，禁止资格权转让。也就是说，农民进城买房再也不用退出宅基地了，并且即便退出了宅基地，也仍然拥有申请宅基地的资格权。从政策层面来观察，使用权的适度放活是宅基地"三权分置"最大的经济意义。过去，宅基地是谁的，就只能归谁用，使用权就是资格权，既不能转让、也不能出租。而文件出台后，使用权就灵活多了，既能转让、还可出租、还可入股，甚至互换。

我国改革前的宅基地制度以一户一宅、无偿分配、永久使用作为其重要产权特征。由于宅基地的无偿分配属性，基于不占白不占的心理，一旦符合分户和申请条件，农民都会积极分户并申请获得宅基地。但在城镇化推进的过程中，大量农民进城打工甚至进城定居，农村常住人口大量减少，而宅基地退出由于缺乏有效的途径，导致大量宅基地常年闲置。据第三次全国农业普查结果，2016年末99.5%的农户拥有自己的住房，其中拥有一处住房的农户占比为87.0%，拥有二处或三处住房的农户所占比重分别是11.6%和0.9%，拥有商品房的农户占全部农户的比重为8.7%。虽然从全国平均数看，农户"一户多宅"的比例并不高，但从局部看，部分地区"一户多宅"和农房闲置程度严重，甚至形成"空心村"。从近些年的发展趋势看，在城镇化推进的过程中，随着农民市民化进程的加快，宅基地和农房闲置的程度呈增长趋势。在乡村振兴的背景下，盘活这些闲置的宅基地和农房，无论是对于提高土地利用效率、为乡村产业发展提供用地空间，还是对于增加农民土地财产性收入，均有积极作用。

农房和宅基地担负着农民的居住保障功能，国家有关政策禁止宅基地使用权对外转让，市场配置因此失灵。宅基地使用权是由农村集体经济组织无偿分配给其成员专享的权利，具有福利保障性和成员专属性，非成员不具备分配取得宅基地资格；而且农户取得的宅基地使用权是一种不仅无偿而且无期限限制的权利，我国《物权法》虽将其定性为用益物权，但其效力要远远高于一般意义上的用益物权，是一种可以永续使用的其效力十分接近于所有权，农户得以享有这种特殊用益物权的逻辑基础在于其是土地所有权人"农民集体"的一份子，正因为其是"所有权人的一份子"，所以其可以享有这种"准所有权"权利。如果外来主体也取得这种权利，则集体经济组织成员的特殊身份优势丧失殆尽，进而危及农村土地的农民集体所有，也会对我国现行土地权利制度的整体逻辑体系产生冲击。这才是将宅基地使用权的转让对象限制在本集体经济组织成员范围之内的根本理由。因此，无论是基于对农村土地农民集体所有的坚守，还是基于对农民基本居住权益的保障，都要求坚持宅基地使用权取得主体的身份仅限于本集体经济组织成员；而且宅基地使用权权利内容的特殊性和无期限限制的特点也决定了其只能被集体经济组织成员享有。有鉴于此，宅基地使用权的转让也只能局限在本集体经济组织范围之内，那么，寄希望于通过允许宅基地使用权直接对外转让的方式来盘活闲置宅基地和农房的目标也就无法实现，必须另辟蹊径。换句话说，能否通过修改法律和政策规定的方式解除或者放宽宅基地使用权转让的这一限制，使得本集体经济组织成员之外的社会主体也可以通过转让方式取得宅基地使用权，从而实现盘活闲置农房和宅基地的目标。既不破坏宅基地使用权的专属身份特征从而维护农民集体所有的封闭性本质不被打破，同时又能让没有身份限制的社会主体利用闲置宅基地或农房进行规模经营。进一步言，宅基地"三权分置"的政策意蕴，是通过制度创新和延长权利配置链条，将社会主体引入到宅基地利用关系中，实现农民集体、农户、社会主体三方对宅基地权利的分享，农民集体的土地所有权得以坚守，农户基于身份专属的宅基地使用权得以保障，社会主体可以得到某种形态的宅基地利用权利从而提高宅基地资源配置效率。

依据法律关系和农户宅基地权利变动方式之不同，目前试点实践中采用的盘活闲置宅基地和农房的法律途径归纳出以下五种：

（1）农户无偿或者有偿退出宅基地。无论是基于何种情形或者何种理由的退出，从法律关系分析，农户退出宅基地使用权的实质是土地所有权人收回宅基地使用权，其法律后果是农户彻底丧失被退出地块对应的宅基地使用权，相应的宅基地使用权也因此而恢复至土地所有权人。此种方式的优势在于可以将闲置宅基地归集到集体经济组织，并由集体经济组织统一安排进行统筹再利用，但其劣势也是明显的。农户一旦退出，就彻底丧失了被退出地块的宅基地使用权，因此适用范围有限。从试点实施情况看，农户退出宅基地使用权的积极性并不高，一方面是因为集体给予的退出补偿并不能达到农民满意的程度，另一方面也是因为农民土地财产权利意识的觉醒，越来越多的农民意识到其宅基地使用权的潜在价值特别是未来升值的可能。

（2）农户出租宅基地。目前国内大中城市农村宅基地和农房出租的情形大量存在，在大城市周边的乡村和一些具有优势资源地区尤其普遍。改革试点中，部分试点地方对出租的条件和程序进行了限定和规范，规定宅基地使用权不得单独出租，必须有地上建筑物并和地上建筑物一起出租；出租需取得集体经济组织书面同意。值得注意的是，实践中有一种宅基地和农房的出租不受法律保护的误解。实际上,国家层面的现行法律法规和政策没有任何禁止宅基地和农房出租的规定,而且承租人可以是不特定的任何社会主体,并无身份限制。在宅基地出租的情形下,农户无需退出宅基地使用权,只是转变了其行使宅基地使用权的方式,农户将其宅基地使用权中的一定年限内的占有、使用等权能让渡给承租人,并因此获取租金。在农户出租宅基地的情形下,宅基地的权利事实上由农民集体、农户、社会主体三者共享,社会主体获得的租赁权是一种典型的债权,租赁关系受《合同法》中租赁合同规则的调整。同用益物权相比,宅基地租赁权具有如下几个特征:一是权利存续期间受到限制,因为依据合同法规定租赁期最长不得超过20年;二是租赁权作为一种相对权,权利的独立性较弱,在租赁权受到第三人侵害的场合,承租人往往需要借助出租人的力量来寻求保护;三是权能较弱,原则上承租人不享有转租的权利,更无抵押权。

（3）农户转让宅基地使用权。现行转让法律关系中,受让人取得宅基地使用权并没有具体的期限限制,属于用益物权。宅基地使用权权利内容的特殊性和无期限限制的特点决定了其只能被本集体经济组织成员享有,即便改革也不宜允许农户直接向社会主体转让宅基地使用权。依据有关政策规定,宅基地使用权的转让受到严格的限制,受让主体仅局限在本集体经济组织成员内部。在本次宅基地制度改革试点中,部分试点地方虽然扩展了宅基地使用权转让的范围,但城镇居民、企事业单位利用宅基地的通道并未打开。转让方式在盘活闲置宅基地上的作用非常有限。

（4）权利转换后转让。如果将宅基地使用权转换为集体经营性建设用地使用权再行转让，则为社会主体取得宅基地上的权利提供了可能。其具体做法是，农户在向本集体经济组织成员之外的主体转让宅基地使用权时，受让人需要土地所有权人办理集体经营性建设用地使用权出让手续并交纳土地出让收益，受让人取得具有期限限制的集体经营性建设用地使用权且没有身份限制，而权利转换后，转让人在获取转让对价的同时退出了其宅基地使用权。目前主要做法有在已经完成更新改造的村庄，允许农户的宅基地使用权在行政区域范围内跨集体经济组织转让，但同时实行宅基地所有权、资格权和使用权相分离，规定转让后使用最高年限，并要求受让人与村级组织签订宅基地有偿使用合同并一次性缴纳土地所有权收益金；或者农户向集体经济组织申请后可以将其宅基地上的部分房屋所有权转让给本集体经济组织成员之外的社会主体从事经营活动，受让方除了向农户交纳转让价款之外，还需要向集体经济组织缴纳土地收益金，受让方取得房屋所有权和对应面积部分土地的使用权，地方政府在登记时将整宗地界定为综合类集体建设用地，为受让方颁发以房屋所有权和集体建设用地使用权为内容的不动产权证。事实上，两种做法均是在交易的过程中将农户转让出去的宅基地转变成了集体建设用地，其对应的使用权也转变成了社会主体的集体建设用地使用权。权利转换后转让方式可以有效满足社会主体取得物权性土地利用权的需求，有利于满足社会主体对土地更加长期和稳定的利用需求。在此种方式中，农户虽然经交易基本丧失了宅基地使用权，但可以获得更为充分的对价。

（5）权利分离后转让。此种方式是在政府规划和总量管控之下，允许一户或多户农户以宅基地使用权与社会资本合作共建共享居住、商住或经营。通常是由农户提供宅基地，社会资本提供资金并负责建设，建成后的房产权利由农户和社会资本按照协议的约定共享。主要做法有：出资方获得部分房屋的所有权和对应分摊土地部分的一定年限的集体建设用地使用权，地方政府为其进行房屋所有权和集体建设用地使用权的不动产统一登记，出资方取得的不动产权利在使用期限内可以转让、租赁和抵押；农户也获得部分房屋的所有权，但其对应的土地权利为宅基地使用权，地方政府为其颁发以房屋所有权和宅基地使用权为内容的不动产权证；在出资方的建设用地使用权期限届满后，土地权利归还给农民，农民重新享有针对整宗宅基地的完整的宅基地使用权，地上房产则按双方协议处理。权利分离后转让的模式中，农户并不丧失交易部分土地对应的宅基地使用权，其和土地所有者之间的宅基地利用关系仍然存在，社会主体享有的土地权利因期限届满而灭失后，农户的宅基地使用权恢复至当初状态。此种模式下宅基地权利的实质是在一定期限内的二次分离：农民集体从土地所有权中分离出作为用益物权的宅基地使用权并让渡给农户，农户再次从宅基地使用权中分离出另外一个也具有物权属性的"子权利"并让渡给社会主体。权利分离后转让方式既保障农户不失去宅基地，又能够满足社会主体对宅基地长期和稳定的利用需求，兼具转让和出租的优点。

对出让宅基地出让收益，目前实践中主要做法是：在市场化程度高和土地区位优势差距明显的地区，在尊重村集体经济组织意愿的基础上实行有偿选位或者择位竞价，所得收益归属于村集体经济组织。不具备条件的地区，则应保障农户无偿或者以成本价取得宅基地的权益。至于宅基地用于经营性用途收取的土地增值收益调节金，则应考虑到经营性宅基地在给农户或者其他经营主体带来经营收入的同时，也带来了一定的村庄环境负荷，诸如增加村庄排水、排污、垃圾处理、道路养护、治安维护等村庄公共服务负担，而村庄的这些公共服务供给通常是由村集体来供给。在宅基地上开展的经营性活动通常依附于乡村特有的旅游环境资源，而这些旅游环境资源理应由大家共享，而非只归属于实际经营主体。因而土地所有权人村集体收取土地增值收益调节金存在必要性和合理性，收取的调节金一方面用于村庄公共服务供给和村庄环境改善，另一方面作为集体资产收益用于增加农民财产性收入。

从"三权分置"的实践案例来看，浙江义乌大量外来社会主体租用农房创业、开网店、经营小商品批发；云南大理一些农户将其闲置宅基地和农房出租给社会主体经营客栈、餐饮；天津市冀州区的西井峪村，社会主体租赁农房后用于民俗摄影旅游经营，开设民俗、书吧、咖啡馆、农事体验项目。综合这些案例探索，"三权分置"既要明确农户或者实际利用宅基地的社会主体可以直接在宅基地上开展经营性活动，也要对宅基地上可得开展的经营性用途作出严格管控。特别是针对可能出现的风险点加强监管，完善宅基地"三权分置"的条件和程序。结合目前试点探索，重点是做好如下几方面的工作：首先是在宅基地"三权分置"之前，加强村庄规划、宅基地审批和建房管理，强化农村土地规划执法。已经实现城乡居民社会保障一体化的地方，通过固化集体经济组织成员资格的方式固化宅基地资格分配权，从而有效控制宅基地规模。其次是建立宅基地经营性用途审批备案制度。第三是防范农户流转宅基地后出现自身安居的风险，对宅基地"三权分置"设定相应的限定条件。一是需要流转农户另有其他稳定住所，二是需要经过集体经济组织同意。而为了防范工商资本下乡圈地的风险，对同一主体取得宅基地的面积也要做出限制。

4. "用益物权"并非晦涩难懂

用益物权是物权的一种,是指非所有人对他人之物所享有的占有、使用、收益的排他性的权利。用益物权主要包括有土地承包经营权、建设用地使用权、宅基地使用权、地役权、自然资源使用权(海域使用权、探矿权、采矿权、取水权和使用水域、滩涂从事养殖、捕捞的权利)。《物权法》第一百一十七条将"用益物权"解释为"用益物权人对他人所有的不动产或者动产,依法享有占有、使用和收益的权利"。用益物权作为物权的一种,着眼于财产的使用价值,是以一定范围内的使用、收益为目的而在他人之物上设立的定限物权。当今各国物权法已经逐渐放弃了传统民法注重对物的实际支配、财产归属的做法,转而注重财产价值形态的支配和利用。立法方面越来越注重用益物权。

用益物权的法律性质与担保物权相比较,具有以下特征:(1)支配的实体性。用益物权和担保物权都是一种支配权。用益物权的内容在于使用收益的实体,即对物的使用价值的用益,因而它必然以物的实体上的有形支配,即实体占有为必要。用益物必须转移给用益物权人实际占有支配,否则,用益物权人的用益目的就无法实现。担保物权的内容在于取得物的交换价值,因而可不必对物进行实体上的有形支配,以无形支配为满足。在担保物权中，质权和留置权以标的物实体上的有形支配为必要，但这种支配并不是用益性的。在质权和留置权中，都有权利人非经物之所有人的同意，不得使用收益物或留置物的规定。否则，权利人应负民事责任。（2）目的的用益性。用益物权与担保物权虽同属于对物的支配权，但两者对物进行支配的主要方面则有所不同。设立用益物权的目的就是对他人所有的财产进行使用、收益，即为了追求物的使用价值而对他人的物在一定范围内进行支配。与此相应，用益物权的内容也主要是行使使用、收益的权能，即注重对物的使用价值，并以对物的占有为前提。这区别于担保物权注重物的交换价值的特点。担保物权主要以标的物的交换价值和优先受偿为内容，因而担保物权标的物必须具有交换价值。（3）地位的独立性。用益物权为独立物权，是对所有权的限制。用益物权是非所有人对所有人的物在法律规定的限度内独立支配的排他性权利，是一种独立的权利。用益物权人在法律规定或合同约定的某种权利的具体支配范围内，可以对抗包括所有权人在内的一切人，从而形成对所有权的限制。用益物权根据法律的规定或与财产所有人的约定独立存在，不以用益物权人对财产所有人享有其他财产权利为前提，除地役权外都是主权利。而担保物权系以担保债务履行为目的，其存在则以担保物权人对担保物的所有人或其他关系人享有债权为前提，它因债权的产生而产生，因债权的消灭而消灭，因此，担保物权是从物权。（4）客体的限制性。用益物权客体的限制性有三个方面：一是用益物权的客体必须具有使用价值，客体的存在形态或使用形态发生变化，会对用益物权人的利益产生直接不利作用。例如设定土地承包经营权，必须是具有可耕种、可种植、可养殖的使用价值,若该地块已经沙漠化将无法耕种,则相应也不能设定土地承包经营权,而担保物权则要求担保物具有交换价值。二是用益物权的客体不动产的用益物权范围并非广泛,可以在动产和不动产上设立范围。目前很多国家法律直接规定在动产上不能设定用益物权而只能设定债权关系,如租赁权。我国物权法把用益物权的客体也是限制在不动产之上,而担保物权则既可以在动产上设立,也可以在不动产上设立;三是用益物权的享有和行使必须以对客体的实际占有为前提,否则使用和收益无从获取。而担保物权则不必要求权利人一定要直接占有标的物,如在抵押权中,抵押权人就不直接占有抵押物。(5)存续的期间性。用益物权往往有明确的存续期间。在物权关系解除后,权利归于消灭,而在权利的存续期间,权利人可以依法或依合同规定行使权力。担保物权以债权的存在为前提,在担保物权实现之时,该权利亦归于消灭。就目的实现之时间而言,担保物权须于接受担保债权届期未受清偿时,始得实行,其目的实现的时间系于将来。而用益物权一旦设定,即能实现用益的目的,故其目的的实现时间系于现在。

  新中国成立后,由于众所周知的原因,我们在法律上只承认所有权,而否认他物权,特别是用益物权,致使中国在将近40年的时间里,不仅在法的理论上否认了用益物权制度,而且在法的实践上也一直没有建立用益物权体系。1986年的《民法通则》以"与财产所有权有关的财产权"概念代替了用益物权的概念,规定了属于用益物权的国有土地使用权、农村土地承包经营权、国有资源使用权、采矿权、国有企业经营权、相邻权。除《民法通则》规定的用益物权外,中国的其他特别法中还规定了渔业捕捞权、狩猎权、水权等用益物权。

最高人民法院的司法解释中确认了典权和地上权的制度。从整体上说，中国的用益物权制度主要可以概括以下两个方面：（1）占用的权利。"占有"是对物的实际控制。用益物权作为以使用收益为目的的物权自当以权利人对物的实际占有为必要。利用他人之物为使用收益，必然要对物予以实际支配。没有占有就不可能实现对物的直接利用。根据《物权法》第一百一十六条的规定，天然孳息，由所有权人所得；既有所有权人，又有用益权人的，因该物产生的天然孳息由用益物权人取得。（2）使用、收益的权利。"使用"是依物的自然属性、法定用途或者约定的方式，对物进行实际上的利用。"收益"是通过对物的利用而获取经济上的收入或者其他利益。用益物权的设立就是对物的使用和收益。比如在他人的土地上自建房屋以供居住；在他人的土地上耕种、畜牧以供自用或出售而获得收益；在他人土地上建造楼宇用以出售、出租以取得收益等。《物权法》第四十四条规定，因抢险、救灾等紧急需要，依照法律规定的权限和程序可以征用单位、个人的不动产或者动产。被征用的不动产或者动产使用后，应当返还被征用人。单位、个人的不动产或者动产被征用或者征用后毁损、灭失的，应当给予补偿。根据这一规定，单位、个人的不动产或者动产被征用或者征用后毁损、灭失，致使用益物权消灭，或者影响用益物权行使的，应当对用益物权人给予补偿。

随着改革的不断深入，未来用益物权体系应当包括下列内容：（1）地上权。建立中国的地上权制度，应当以现行的以营造建筑物、种植树木为目的的土地使用权、宅基地使用权及造林权为基础，同时，应当还应确认地下和空中地上权。（2）地役权。地役权是为实现自己土地的利益而利用他人土地的权利,可分为积极地役权和消极地役权、继续地役权和不继续地役权、表现地役权和不表现地役权。《民法通则》只是规定了相邻关系。而从法律性质上说,地役权与相邻关系是不同的:相邻关系属于自物权的范围,其创设的目的是对所有权行使效力及范围进行直接限制;而地役权属于他物权的范围,其创设的目的在于利用他人土地以便于实现自己土地的利益。(3)典权。典权是中国特有物权制度,是指支付典价,占有他人之不动产,而进行使用收益的权利。新中国成立后,虽然以土地为标的物的土地典权被废除,但公民之间的以私有房屋为标的物的典权一直大量存在,并得到了司法实践的承认和保护。随着市场经济的活跃,典权的适用范围扩大到了诸如土地、房屋、地上权等不动产和不动产权利。(4)用益权。用益权是指对物或权利不加变更地使用和收益的权利。目前,开发利用国有、集体自然资源(森林、山岭、草原、荒地、滩涂、水面、矿藏)为目的的使用权和以耕作、牧畜、养殖为目的而承包国有、集体自然资源(土地、森林、山岭、草原、荒地、滩涂、水面)的承包经营权都符合用益权的特征,其内容与用益权基本相同。而根据《农村土地承包法》规定,承包方依照承包合同生效或者依法登记取得的,对农民集体所有依法由农民集体使用的耕地、林地、草地、园地、养殖水面、"四荒"等农村土地进行占有和以耕作、养殖、竹木或者畜牧为生产方式从事种植业、林业、畜牧业、渔业等农业目的生产经营而使用并获得收益的权利以及该依法承包农村土地所形成权利的处分权,属于用益物权。

以用益物权来理解目前规定的土地承包经营权主要包括以下内容:(1)经营决策权。是指在生产经营过程中,承包人自行决定干什么，干多少，怎样干的权利。（2）收益权。是指通过自主在承包地上进行经营活动后，占有经营所得利益的权利。承包方可以对自己经营的收益自行予以处理，可以留给自己或者送给别人，也可以当作商品将其出售。（3）流转权。是承包方可以将承包的土地自行采取转让、转包、互换、出租等方式使其拥有的土地承包经营权流转给第三人，由第三人行使部分土地承包经营权。（4）优先承包权。是指在土地承包经营权流转过程中或者将土地发包给本集体经济组织以外的单位或者个人过程中，本集体经济组织的成员在同等条件下有优先于本集体经济组织以外的单位或者个人获得土地承包经营权的权利。（5）继承权。是指承包人在承包期内死亡的，该承包人的继承人继续享有原承包合同法定及约定的权利。

推行用益物权的积极作用主要是：（1）促进资源的有效利用。在用益物权法律制度条件下，用益物权人可以通过对他人之物的使用获得利益，从而使人们在不能取得或不必取得某些资源的所有权时，也能利用该资源而获得利益。所有人通过设定用益物权，以取得一定利益为条件，将其所有物交由他人使用收益，因此所有人可以不必直接或亲自使用其所有物也能获得利益。在物的所有人和使用人都取得利益时，说明了物的使用价值得到了更有效的实现。存在这样一个利益机制的社会，整个社会的物质资料就会得到有效的利用，社会的整体利益也将不断提高。（2）谋求资源使用过程中的利益平衡。与人的不断扩展的需要相比较，社会总体财富是相对稀缺的。在法律制度的实施与实现的社会历史过程中，进至当今时代，没有被法律赋予所有权之资源已相当稀少，人们已经不能通过发现无主资源来实现其生产与生活的需要。因此，所有权的绝对性将极大的限制非所有权人对资源的利用,因而肯定并坚持所有权的绝对性的物权制度不利于资源的有效利用,不符合社会公益,不适应社会的发展。用益物权制度便是解消所有权的绝对性,为非所有权人利用他人之物而建立的物权制度。在当代,用益物权制度不仅是在资源的所有人和利用人之间维持利益平衡,还要维持社会与资源的所有人及利用人之间的利益平衡。(3)维护资源的利用秩序。用益物权制度将在资源的利用过程中所发生的不同的权利义务关系予以归纳,由此设定不同种类的用益物权,如地上权、永佃权、地役权、典权等。同时通过不动产登记的方式,对已设立的用益物权明确权利归属、保护社会资源、维护资源的长久效用。用益物权制度将物权变动的方式法定化,确定既有用益物权在发生某种变化的条件、方式和效果,以此来衡定主体之间的利益关系。

5. "科技扶贫"是授人以渔

科技扶贫是国家科委于1986年提出并组织实施的一项在农村进行的重要的反贫困举措，是政府开发扶贫的重要工作内容。其宗旨是应用适用的科学技术改革贫困地区封闭的小农经济模式，提高农民的科学文化素质，提高其资源开发水平和劳动生产率，促进商品经济发展，加快农民脱贫致富的步伐。科技扶贫是针对贫困地区生产技术落后和技术人员缺乏的实际而提出。一是强调自我发展，以科技为支撑，引导贫困地区合理开发资源，将资源优势转化为经济优势，同时努力提高贫困农民参与市场竞争的能力，实现自我发展的良性循环。二是充分考虑农业技术强烈的地域性和适应性要求，科技扶贫在向贫困地区引进技术时，必须是成熟技术，而且要适合贫困地区的实际情况。三是注重将治穷与治愚相结合。科技扶贫通过农业、科研、教育三结合等形式，一方面建立健全科技示范网络、组织开展各种类型的培训；另一方面建立全国农村科普网络，大力开展科普宣传，弘扬科学精神，提高农民素质。科技扶贫是由救济式扶贫向依靠科学技术开发式扶贫转变的一个重要标志。1986年以来，有关部门配合贫困地区各级政府，充分依靠广大科技人员和农民群众，相继在贫困县以及一些少数民族贫困地区开展科技扶贫，取得了显著的成效。

5. "科技扶贫"是授人以渔

2017年，国家科技部关于实施科技扶贫"百千万"工程的通知中，要求在科技系统实施科技扶贫"百千万"工程：在贫困地区建设"一百个"科技园区、星创天地等平台载体，动员组织高校、院所、园区、企业等与贫困地区建立"一千个"科技扶贫帮扶结对，实现"一万个"贫困村科技特派员全覆盖。到2020年，持续深入推进，确保取得实效。实施方案主要内容如下：

该年度科技部提出科技扶贫的基本原则是：（1）瞄准短板，提升动力。瞄准贫困地区突出存在的科技和人才短板，注重"扶贫先扶志"与"扶贫必扶智"的结合，努力提升贫困地区群众技能素质，增强贫困地区内生发展动力。（2）围绕产业，集聚要素。围绕贫困地区特色优势产业，以产业发展带动建档立卡贫困户精准脱贫，进一步促进科技、人才、资金等现代生产要素向贫困地区流动。（3）创业带动，互利共赢。在贫困地区搭建一批创新创业平台载体，以创业带动产业发展，推进创业式扶贫，建立科技扶贫帮扶结对，探索各类主体在科技扶贫过程中的互利共赢机制。（4）注重实效，稳步推进。注重科技扶贫"百千万"工程实施成效，进一步激发干部群众的创新创业热情，发挥科技项目的示范带动作用，不断提高贫困群众自我发展能力。

该年度科技部提出科技扶贫的任务是：（1）在贫困地区建设"一百个"科技园区、星创天地等平台载体。进一步发挥星创天地在推进农村创新创业、脱贫攻坚中的重要作用，优先支持和鼓励贫困县建设一批星创天地、农业科技园区，创新驱动精准扶贫精准脱贫。鼓励东部地区星创天地在中西部地区开展创新创业、科技扶贫。（2）建立"一千个"科技扶贫帮扶结对。要求帮扶主体和结对对象。动员组织高校、院所、高新技术产业开发区、农业科技园区、可持续发展实验区、国家临床医学研究中心、星创天地、龙头企业等作为帮扶主体与贫困地区开展对接，签订帮扶协议，建立稳定的帮扶结对关系。各地帮扶主体和结对对象原则上都是法人单位。至于帮扶内容。一是围绕提升特色优势产业发展水平，与贫困地区龙头企业、专业合作社、家庭农场等开展对接。二是围绕提升贫困地区创新创业载体水平，与贫困地区科技园区、星创天地等开展对接。三是围绕贫困地区脱贫需求，与贫困县、乡、村开展对接。鼓励东部发达地区省份与中西部贫困地区开展科技扶贫帮扶结对。在结对数量方面，要求每个省、自治区、直辖市及新疆生产建设兵团原则上建立40个帮扶对子。（3）实现"一万个"贫困村科技特派员全覆盖。要求针对贫困地区具备产业发展基础、需要就地脱贫的贫困村，组织动员、精准选派科技特派员进村入户，帮助每个贫困村示范推广1～2项新技术新成果，发展一个脱贫产业，促进科技特派员与致富带头人，技术成果与贫困地区需求有效对接。发挥市县科技特派员熟悉情况、服务便捷的优势，优先就近选派科技特派员。2017年选择广西、重庆、陕西、甘肃先行开展试点，整省推进，实现一万个贫困村科技特派员全覆盖。2018年逐步推开，到2020年基本实现科技特派员对10万个贫困村科技服务和创业带动全覆盖。

　　该年度科技部提出科技扶贫组织保障方面要求有：（1）加强组织领导。各级科技管理部门要高度重视，提高认识，切实把科技扶贫摆在科技工作重中之重的位置，形成部、省、市、县四级联动的工作机制，明确具体目标，细化任务分工，认真组织推进科技扶贫"百千万"工程。要加强对科技扶贫"百千万"工程的谋划指导、统筹协调、精准推进、督导检查,坚决杜绝形式主义,确保帮扶取得实效。科技部将于每年11月份总结统计各地方科技扶贫"百千万"工程开展情况及实施成效。(2)加大支持力度。尊重基层首创,各地要围绕科技扶贫工作需求,完善建立适应当地实际情况的科技扶贫投入、保障、激励和管理等机制。贫困县在涉农扶贫资金整合时,对科技特派员帮扶的贫困村应优先安排产业扶贫扶持资金,对科技特派员帮扶的创业扶贫项目优先给予金融扶贫贷款支持。科技部将通过"三区"人才支持计划科技人员专项计划、中央引导地方科技发展专项资金等支持科技扶贫"百千万"工程的开展。支持科技计划项目研究成果率先在贫困地区开展示范应用,转移转化。(3)积极宣传引导。利用科技日报、中国科技网、中国扶贫杂志等媒体,宣传科技扶贫"百千万"工程取得进展和成效,总结推广好经验、好做法、好典型,营造科技扶贫良好氛围。各地要加大科技扶贫"百千万"工程先进经验典型的总结宣传并及时报送科技部。为更好发挥榜样先锋模范作用,科技部将会同国务院扶贫办等部门对作出突出贡献的单位和个人予以表扬,鼓励更多科技人员投身服务于脱贫攻坚。

2018年,国家科技部进一步提出深入贯彻党的十八大和十八届三中、四中、五中全会精神,全面贯彻习近平总书记扶贫开发战略思想,落实《中共中央 国务院关于打赢脱贫攻坚战的决定》、《中共中央办公厅 国务院办公厅关于加大脱贫攻坚力度支持革命老区开发建设的指导意见》,充分认识打赢脱贫攻坚战的重要性和艰巨性,牢固树立创新、协调、绿色、开放、共享发展理念,深入实施创新驱动发展战略,着力提升内生动力,着力开展创业扶贫,按照决心更坚决、目标更明确、思路更清晰、整合资源力度更大、科技特色更明显、示范带动作用更突出的总体思路,切实解决好"扶持谁、谁来扶、怎么扶"的问题,把科技扶贫作为各级科技管理部门的重中之重,部省市县四级科技管理部门合力协同,动员号召全国科技工作者,充分调动全社会科技资源投身服务于脱贫攻坚战,形成科技扶贫大格局,以科技创新驱动精准扶贫精准脱贫,在坚决打赢脱贫攻坚战的实践中充分发挥科技创新的支撑引领作用。

该年度科技部提出科技扶贫的基本原则是:(1)需求导向,精准扶贫。瞄准贫困地区和建档立卡贫困人口的科技需求,因村因户因人施策,目标到户、责任到人、政策到位,把基本方针聚焦到精准上来,把基本策略聚焦到精准上来,把基本成效聚焦到精准上来,从"大水漫灌"向"精准滴灌"转变,让贫困群众真正实现脱贫。(2)人才为先,智力扶贫。瞄准贫困地区发展突出存在的科技和人才短板,动员组织全国科技人员和科技管理干部深入扶贫一线,以提升贫困地区、革命老区内生发展动力和科技管理服务水平,增强贫困农户自我发展能力为核心,集聚人才要素,培养本土人才,引领当地产业发展,带动农户精准脱贫,强化"造血"功能,为扶贫开发提供有力的智力支撑。(3)科技支撑,创业扶贫。通过在贫困地区、革命老区建设一批"星创天地"、科技园区等,构建线上线下的创新创业服务平台,推进创业式扶贫,加快先进适用科技成果在贫困地区、革命老区的转化应用,激发贫困地区干部群众的创新创业热情,培育创新创业主体,自力更生,艰苦奋斗，以创业带动产业发展，以产业发展带动精准脱贫，促进创新驱动、区域发展与贫困人口脱贫紧密结合。（4）统筹资源，协同扶贫。各级科技管理部门要把科技扶贫作为重要的政治任务，上下协同，东西联动，形成强大工作合力。统筹行业扶贫、片区扶贫、定点扶贫，组织动员全行业科技力量，科学配置人才、技术、成果、平台、园区资源，做到项目精准安排，资金精准落实，措施精准实施，效果精准发挥。

该年度科技部提出工作目标是：（1）全力推动科技人员下基层。组织动员20万名以上科技人员大军深入脱贫攻坚第一线，做给农民看，领着农民干，带着农民赚，开展科技服务和创业式扶贫，实现精准脱贫。（2）转化先进适用技术成果。围绕贫困地区、革命老区特色支柱产业、生态农业，转化推广5万项以上先进适用技术成果，形成"一县一业"、"一乡一品"。建设"星创天地"和科技园区。在贫困地区、革命老区、少数民族地区建设3000至5000个"星创天地"，有条件的贫困县至少建设一个科技园区。（3）根据地方党委、政府确定的脱贫目标，江西省井冈山市、永新县和陕西省佳县、柞水县四个定点扶贫县如期完成脱贫任务。到2020年，将科技部定点扶贫县建设成为创新驱动精准脱贫的试验田和示范点。切实担负起秦巴山片区牵头单位职责。继续推动贵州省毕节市"开发扶贫、生态建设试验区"和贵州省黔西南州、四川省巴中市"星火计划、科技扶贫试验区"科技扶贫工作。依靠创新驱动，支撑引领贫困地区、革命老区如期完成脱贫任务。

该年度科技部提出主要任务是：（1）开展智力扶贫，增强贫困地区发展内生动力。第一，推进贫困地区科技人才队伍建设。推进实施边远贫困地区、边疆民族地区和革命老区人才支持计划科技人员专项计划（以下简称"三区"人才计划），紧密结合贫困地区科技需求，引导和支持科技人员深入精准扶贫一线，围绕产业发展提供科技服务，与建档立卡贫困户结成利益共同体，创办、领办、协办企业和农民专业合作社，开展创业式扶贫服务。加大对乡土人才和创业队伍培养力度，建设贫困地区、革命老区自身科技服务队伍。结合实施创新人才推进计划，在具有较好的产业基础和一定技术基础的定点扶贫县探索建立科技人才创新驱动中心，打造人才引进和培养、成果转化和产业化平台。第二，强化贫困地区新型职业农民培训。加强对贫困地区返乡农民工、本土科技人员、大学生村官、乡土人才、科技示范户等的培训，发挥其科技二传手的作用，使之成为依靠科技实现脱贫致富的带头人。鼓励和支持高等学校、科研院所发挥人才、成果、基地等方面的优势，为贫困地区培养懂技术、会经营、善管理的新型职业农民，造就一批具有科技意识、创新精神的企业家，增强他们带领贫困群众脱贫致富的能力。第三，加强贫困地区科普工作。加大科技下乡力度，组织优质科普资源到贫困地区、革命老区开展宣传。广泛开展农村科技服务和科学普及活动，继续开展科技列车行、流动科技馆进基层、文化科技卫生"三下乡"、科普大篷车万里行、科技之光青年专家服务团活动等，向定点扶贫县基层党支部赠送科技报刊，提高农民科技意识、科技致富能力和科学素质。继续做好全国党员干部现代远程教育课件的制播工作，在贫困地区、革命老区电视台推广"星火科技30分"电视节目。第四，选派科技干部和科技人员到贫困地区挂职锻炼。把培养锻炼干部与科技扶贫工作有机结合，鼓励和引导各级科技管理部门和各类科研单位选派一批思想好、作风正、能力强的

5. "科技扶贫"是授人以渔

优秀年轻科技管理干部和科研人员到贫困地区挂职锻炼，帮助加强贫困地区科技管理服务能力建设，为贫困地区带去新资源、输入新血液，同时，也使其在贫困地区、革命老区汲取政治营养、增强群众观念、提高工作本领。（2）开展创业扶贫，提升贫困地区产业发展水平。第一，培育贫困地区创业主体。优化创业环境，深入推行科技特派员制度，实施"三区"人才计划，带动人才、技术、管理、信息以及资本等现代生产要素向贫困地区逆向流动。扎实开展贫困地区创业扶贫带头人培训，加大对返乡农民工、本土科技人员、大学生、乡土实用人才、科技示范户的培养力度，培育贫困地区创业主体，激发创业热情，提高创业能力，以创业带动就业，带动更多贫困人口脱贫致富。第二，打造贫困地区创业载体。指导支持贫困地区、革命老区建设一批"星创天地"、科技园区，发挥星火科技12396、农技110、专家大院、科技特派员服务站等作用，构建线上线下相结合的一站式开放性综合服务平台，引进和孵化一批科技型企业，推进新型农业社会化科技服务体系建设，营造有利于贫困地区、革命老区创新创业的政策环境，支持科技特派员、大学生、返乡农民工、职业农民等开展创新创业，推动大众创业、万众创新。第三，壮大贫困地区特色支柱产业。征集、凝炼、发布一批贫困地区、革命老区急需适用的"技术成果包"、"农村科技口袋书"，为培育壮大贫困地区特色支柱产业提供技术支撑。加大支持力度，鼓励贫困地区、革命老区建立完善技术中介机构，发展技术市场，推动产学研合作。发展农产品加工业，延长产业链，推动一二三产融合发展。发展电子商务，引导建设贫困地区农产品网上销售平台，加强贫困地区、革命老区农村电商人才培训，让贫困农户更多分享农业全产业链和价值链增值收益。发展光伏农业，加强技术研发和示范应用，推动光伏扶贫。加强中药材、经济林果等规范化种植技术普及推广，带动农民增收。发挥科技成果转化引导基金的带动作用，促进科技和金融结合，引导金融投资和社会资本投入科技扶贫，形成多元化的科技扶贫投融资体系，支持龙头企业提高创新创业能力，推动贫困地区、革命老区特色支柱产业发展。第四，鼓励与贫困地区对接帮扶。鼓励国家高新技术产业开发区、国家农业科技园区与贫困地区对接，帮助筹建科技园区、产业园区，实现贫困地区人员转移就业。鼓励支持国家重点实验室、工程技术研究中心与贫困地区对接。鼓励支持国家高新技术企业到贫困地区投资兴业，带动贫困地区人员精准脱贫。发挥高等学校新农村发展研究院作用，建立专家储备和后台支持机制，为贫困地区产业发展提供智力支持和技术支撑。（3）做好定点扶贫，确保如期完成脱贫任务。第一，加强定点扶贫县科技创新体系建设。向科技部定点扶贫县选派科技扶贫团。建立"一县一团"模式，部、省、市、县四级科技管理部门要选派综合素质好、工作能力强的优秀年轻干部到科技部定点扶贫县扶贫挂职。动员、鼓励高等学校、科研院所选派干部参与科技扶贫团工作，共同组建科技扶贫团。在项目安排、工作经费、生活保障等方面加大对扶贫团的支持，为科技扶贫团开展工作提供保障。坚持问题导向，实施"一县一策"，创新驱动精准扶贫精准脱贫。支持定点扶贫县科技管理部门加强干部队伍建设，成为科技扶贫的主力军。加强定点扶贫县县域科技创新体系建设，营造重视人才、鼓励创新、激励创业的环境氛围。将定点扶贫工作与党群工作密切结合起来，广泛发动科技系统干部职工参与到定点扶贫中来，千

5. "科技扶贫"是授人以渔

方筹措帮扶资源,为定点扶贫县贫困群众办好事、办实事。鼓励科技部基层党组织结合工作特点,将定点扶贫县作为联学联系点。探索可复制、可推广的贫困地区创新驱动发展模式,将定点扶贫县建设成为实施创新驱动发展战略、创新驱动精准脱贫的试验田和示范点。第二,支持定点扶贫县产业园区发展。支持科技部定点扶贫县的高新技术产业开发区、农业科技园区、可持续发展试验区等发展,充分发挥各类园区在扶贫开发中的技术集成、要素聚集、应用示范、辐射带动作用,推动定点扶贫县特色产业基地建设,通过园区发展,为建档立卡贫困户就近提供就业岗位。探索"园区+贫困村+贫困户"的方式带动贫困村和建档立卡贫困户整体发展。多方筹措资源,与中国农业银行在定点扶贫县联合开展科技金融试点,加大对定点扶贫县金融支持。(4)加强片区扶贫,切实推进秦巴山片区精准扶贫工作。加强与秦巴山片区各有关省(市)和相关部委的联系沟通,完善片区联系协调机制,发挥好片区跨省重大基础设施项目协调推进机制和片区扶贫攻坚跨省协调机制作用,积极承担起沟通、协调、指导、推动职责,加强对片区脱贫攻坚的统筹,推动实施片区区域发展与脱贫攻坚规划。深入了解片区区域发展与脱贫攻坚规划实施中面临的重大问题,研究提出政策建议和解决意见,为地方党委政府制定精准扶贫实施方案出谋划策。充分发挥创新驱动对片区扶贫的支撑引领作用,积极动员组织专家、科技人员深入片区调研,为片区优势资源开发和特色产业发展出谋划策。开展"秦巴山片区生物资源开发与利用"等区域科技重大问题研究,破解制约贫困地区发展的技术瓶颈问题,推动秦巴山片区成为"科技扶贫示范区"。

该年度科技部提出科技扶贫组织保障方面要求有：（1）强化领导，明确责任。将科技扶贫工作摆在科技创新工作重中之重位置。由科技部牵头协调，建立部、省、市、县四级科技管理部门抓科技扶贫工作的联动机制，上下贯通，形成合力。科技部成立由主要领导任组长、分管领导任副组长，各有关司局、中心负责同志为成员的科技扶贫领导小组，全面负责科技扶贫工作的规划指导、统筹协调、工作推进、督导检查，领导小组办公室设在农村科技司，各成员单位要各司其职，明确责任，形成合力。省、市科技管理部门要成立相应组织机构，切实承担起本地区科技扶贫工作的组织协调。贫困地区县（市）科技管理部门要在当地党委政府的领导下，主动作为，切实担负起科技扶贫的重大责任。（2）规划引领，项目推动。要将依靠创新驱动促进贫困地区、革命老区经济社会发展作为"十三五"科技创新发展规划和相关专项发展规划的重要内容之一，充分考虑贫困地区和革命老区扶贫攻坚中的科技需求。各级科技管理部门要深入调研，与贫困地区科技扶贫需求精准对接，找准着力点和切入点，编制好"十三五"科技扶贫规划，并与贫困地区精准扶贫规划有效衔接。省级科技管理部门推动实施"一县一策"，地市级科技管理部门推动实施"一乡一品"。要将"十三五"科技扶贫规划转化成年度工作计划，将年度工作计划转化为具体科技项目，以项目实施推动工作落实。（3）加大力度，政策倾斜。全国科技工作者要切实增强责任感、使命感和紧迫感，弘扬优良传统，找准工作定位，深入科技扶贫一线，积极主动作为，在打赢脱贫攻坚战中建功立业。各级科技管理部门要把脱贫攻坚作为分内职责，加强组织领导，运用部门职能和行业资源做好工作，做到扶贫项目优先安排、扶贫资金优先保障、扶贫工作优先对接、扶贫措施优先落实。科技部要结合中央财政科技计划（基金、专项等）管理改革，通过重点研发计划、技术创新引导专项（基金）等加大对科技扶贫的支持力度，涉及贫困地区的重点研发计划项目优先立项，项目成果优先在贫困地区转移转化。继续实施"三区"人才支持计划科技人员专项计划，为贫困地区、革命老区发展提供人才和技术支撑。动员号召经济发达地区科技部门对口帮扶科技部定点扶贫县、秦巴山片区和革命老区，加速其脱贫步伐。加大对贫困地区、革命老区科技管理部门的支持，提高其管理能力和服务水平。省、市科技管理部门要结合实际，加大对科技扶贫的支持力度。（4）创新方法，完善机制。在尊重地方党委、政府脱贫攻坚主体作用的前提下，各地要结合科技发展规划和扶贫实际，创新科技扶贫工作方式方法，建立健全领导责任、工作联系、考核评估、监督检查、信息报送、宣传报道等科技扶贫工作机制。要强化对科技扶贫工作的考评，主要是围绕建档立卡贫困户精准扶贫、精准脱贫效果进行科学评估，建立奖惩制度，加强督导检查，确保取得实效。加强对科技扶贫项目的执行和经费使用的监督和评估，对于截留私分、贪污挪用等违法违规问题从严惩处。（5）加强宣传，营造氛围。要利用各种媒体，采取多种方式，做好正面宣传和舆论引导工作，宣传科技扶贫工作取得的进展和成效，总结推广好经验、好做法、好典型，营造科技扶贫的良好环境氛围。在科技日报、《中国农村科技》等媒体开设"科技扶贫"专栏，大力弘扬"情系老区、扎根基层、求真务实、创新创业"的科技扶贫精神。依托中国科技网建立科技扶贫信息共享暨成果交易平台，加强扶贫政策、典型经验、先进事迹宣传，交易展示先进适用技术成果，为贫困地区、革命老区提供科技服务。对做出突出贡献的科技扶贫个人和单位予以表彰，树立科技扶贫典型榜样。

其实在2016年11月23日，国务院所印发的《"十三五"脱贫攻坚规划》中按照精准扶贫精准脱贫基本方略要求，因地制宜，分类施策，从八个方面实化细化了相关路径和措施：（1）采取产业发展脱贫，主要包括农林产业扶贫、旅游扶贫、电商扶贫、科技扶贫等方面，提出了13项产业扶贫工程或具体措施；（2）采取转移就业脱贫，主要从组织开展职业培训和促进转移就业等方面，提出了6项就业扶贫行动；（3）采取易地搬迁脱贫，对"一方水土养不起一方人"地区建档立卡贫困人口实施易地扶贫搬迁，实现搬得出、稳得住、能脱贫；（4）采取教育扶贫，主要从基础教育、职业教育和降低贫困家庭就学负担等方面，提出了一系列行动计划和措施，不断提升贫困人口综合素质和就业技能，逐步消除因学致贫问题，阻断贫困代际传递；（5）采取健康扶贫，主要从医疗卫生服务、医疗保障、疾病防控和公共卫生等方面，提出了6大健康扶贫工程，加快推进基本公共卫生服务均等化，有效缓解因病致贫返贫问题；（6）采取生态保护扶贫，主要从生态保护修复、生态保护补偿机制2个方面，提出了11项重大生态扶贫工程和4项生态保护补偿方式，使贫困群众通过参与生态保护实现脱贫；（7）采取兜底保障措施，主要从社会救助、基本养老保障、农村"三留守"人员和残疾人等方面，提出了社会保障兜底措施，通过筑牢社会保障安全网，解决好特殊困难群体和弱势群体的脱贫问题；（8）采取社会扶贫，主要从东西部扶贫协作、定点帮扶、企业帮扶、军队帮扶、社会组织和志愿者帮扶，以及国际交流合作等方面，提出了相关措施和要求。

科技扶贫主要方式有：（1）因地制宜地发展种植业、养殖业和加工业，合理地开发矿业，有计划地进行能源建设，发展交通运输业。（2）发展横向经济联合，把贫困地区开发和发达地区发展结合起来，引进信息、资金、技术、人才和管理经验。（3）组织发达地区和城市的工商企业、科研单位和中等专业学校、高等院校等与贫困地区建立长期联系，开展对口支援；组织能工巧匠和技术力量帮助贫困地区培训科技人才。（4）国家在资金、税收等方面采取特殊的优惠政策。分别情况减免一定的税收，资金适当集中，统筹安排，配套使用。

应该讲，科技扶贫会由于各个地区的地域特征不同而有所不同，2018年湖北省洪湖市政府在本地区科技扶贫现状分析中指出科技扶贫面临的困难和问题主要是：（1）贫困人口数量大，扶贫任务艰巨。按照国家新的扶贫标准，洪湖市截止2017年底有贫困人口19988人。现在距离全面建成小康社会的时间节点只有3年时间了。要实现到2020年19988贫困人口全部脱贫的目标，3年时间平均每年要脱贫6662人，脱贫压力骤然增大。贫困人口中普遍存在着思想观念跟不上形势、科技文化等综合素质偏低、缺乏竞争意识、劳动技能和生产能力差等突出问题，急需通过科技扶贫、教育扶贫等措施加以解决。同时，由于脱贫标准不高，遇到较大自然灾害或天灾人祸，绝大多数脱贫人口容易返贫，扶贫攻坚任重道远。（2）资金投入不足，融资渠道匮乏。一方面，国家对贫困地区的扶贫资金虽然逐年有所增加，但对洪湖市来说，也无异于杯水车薪；另一方面，由于洪湖市财力比较薄弱，尽管近年来洪湖市财政收

53

入保持增长,但是财政形势仍然比较严峻,收支矛盾十分突出,在保证机关日常运转和职工工资的前提下,用来发展的资金所剩无几,可用财力不多,资金调度相当困难,对科技的投入则更显得不足。(3)科技力量不足与科技服务缺位的瓶颈制约。一方面,农民十分缺乏有效的科技指导,直接制约了农业结构调整的进程和农业生产效益的提高;另一方面,原有农业科技推广网络由于体制和机制的原因已是"线断、网破、人散",大量的科技人员养在机关,农业科研成果远离农民,难以转化为现实生产力。乡镇各站(所)科技人员在乡镇机构改革中,几分几合,事权、物权属乡镇直接管辖,其工作精力大多数时间都是用在乡镇的中心工作上,科技服务缺位现象普遍存在。农业科技经费得不到有效保障,直接影响了农业技术人员的积极性。(4)贫困人口文化水平低,市场意识不强。群众普遍思想守旧,视野不开阔,土地零碎化,流转难度大,多数人沿袭古老的生产方式零散生产或经营,对农产品的质量要求不高或自给自足观念严重,市场概念模糊,信息不灵,不知道提升产品质量增强产品的市场竞争力,没有专业化生产观念等等,使洪湖市特色产业的发展受到很大程度的限制。洪湖市科技扶贫的对策主要有:(1)提高对科技扶贫工作重要性的认识。科技扶贫是贯彻落实党的十九大精神的客观要求,一方面,需要加强科技培训,普及推广先进适用、农民易学易懂易用的技术;另一方面,要从本地区实际出发,让贫困农民参加具体的科技扶贫项目,从实践中接受锻炼,增长致富本领。(2)加大科技扶贫经费投入。加大科技扶贫经费投入,对全市农民以扶智为目标,以科技培训为抓手,在涉农部门抽调科技工作者,组成市级科技讲师团,对农民开展科技知识培训,使科技知识有效地提升农民的综合素质。(3)着力提高贫困人口的综合素质。采取基础教育与职业技能教育相结合,正规教育与短期培训相结合,农、科、教互相依托,努力提高贫困人口的文化素质。进一步加大科技培训力度,健全培训网络,增加培训投入,持之以恒地开展科技下乡入户活动,提高科技进村入户率,把先进适用技术送到农户手中,增强劳动者的科技意识,努力提高农民的科技文化素质和吸纳、运用新技术的能力,造就一代新型农民。同时,注重对"乡土人才"的培养选拔,重点对基层干部和科技示范户进行有针对性的培训,大力扶持、培养回乡知识青年和乡土人才,建立一支科技扶贫的"永久牌"工作队伍。(4)整合资源,提高科技扶贫的效率。打破原有的制度框架,通过资源重组等改革措施,提高科技扶贫的效率,把服务内容向产前、产后延伸,以产业带头人为主体,以大量乡土人才和广大农民为基础,把农村中最活跃和能动的力量调动起来,发展和壮大农村中的先进生产力。同时,运用利益机制引导大批科技素质较高的人才深入基层,并派放到村组,形成理论与实践相结合的科技人才链,直接面对广大农民开展工作,为农民提供包括示范、培训、咨询、合作在内的科技服务。科技人员的工作业绩和工作成效,主要由农民来进行评价,此举将使科技人员变压力为动力。要求科技人员充分挖掘自身的潜力,满足农民在技术加工、产品流通和市场信息等多方面的需要,切实改变工作作风,杜绝科技人员应付农民的现象发生。(5)鼓励科技人员以资金、技术参股,与产业大户、龙头企业结成经济利益共同体。改变以往科技人员与农民之间简单的服务与被服务的关系,形成一种协作互助的新型关系。通过制度创新,将大批农业科技者引入农村,使他们在为农业生产提供新科技的推广和应用的同时,将自身的科研活动与农业生产紧密结合起来,既减少了农村技术引进的成本,又降低了农民采用新技术的客观风险和主观风险。(6)支持组建农村专业合作社或专业技术协会,推动特色产业发展。本地区农业多是由以家庭为中心的小规模经营主体来从事经营活动的,农民既是生产资料的所有者和经营者,又是实际劳动者,单纯靠政府农技部门的服务已不能满足农民对技术的需求,必须鼓励和支持组建更多的农村专业合作社或农业技术协会,以促进特色产业的发展。

目前对贫困户认定的程序主要经过五个工作步骤:农户向村委会提交申请;村委会收到农户申请后,召开村民代表大会评议,产生初选名单;村委会和驻村工作队对初选名单签字后在村里张榜公示接受监督;乡镇政府对各村上报名单进行审核,将结果返回各村再公示;再次公示无异议后,乡镇政府将名单报县扶贫办审核认定,并在本县公告贫困户名单接受监督。

6. 理解"农业补贴"须有战略思维

农业补贴是指一国政府对本国农业支持与保护政策体系中最主要、最常用的政策工具,是政府对农业生产、流通和贸易进行的转移支付。WTO框架下的农业补贴是指针对于国内农业生产及农产品的综合支持。在WTO农业多边协议框架下的农业补贴具有两层含义:如果政府对农业部门的所有投资或支持中较大部分是用于科技、水利、环保方面,由于不会对产出结构和农产品市场发生直接显著的扭曲性作用,又被称作"绿箱"政策。"绿箱"政策措施主要有:用于农业科研、病虫害控制、培训、推广和咨询、检验、农产品市场促销、农业基础设施建设方面的一般性农业服务开支;粮食安全储备补贴;粮食援助补贴;与生产不挂钩的收入补贴;收入保险计划;自然灾害救济补贴;农业生产者退休或转业补贴;农业资源储备补贴;农业结构调整投资补贴;农业环境保护补贴;地区援助补贴。如果是对农产品提供的价格、出口或其他形式进行补贴,则该类补贴具有保护性质,通常会对产出结构和农产品市场造成直接明显的扭曲性影响,又被称作"黄箱"政策。主要包括政府对农产品的直接价格干预和补贴,种子、肥料、灌溉等方面的农业投入品补贴、农产品营销贷款补贴、休耕补贴等。WTO《农业协定》的"黄箱"政策中规定给予发展中国家特殊差别待遇，对发展中国家为促进农业和农村发展所采取的下述支持和补贴措施可免予削减承诺，简称"发展箱"。主要包括：农业投资补贴；对低收入或资源贫乏地区生产者提供的农业投入品补贴；为鼓励生产者不生产违禁麻醉作物而提供的支持。

美国是对农业实行补贴最早的国家。由于美国农业政策不断的进行着修补式改革，原来的不能彻底废除，又叠加上新的规定，以至于现在形成了一个叠屋架床的结构。1996年起，美国新的农业法案实行，以农业补贴制度代替了粮食储备制度。政府不再通过粮食储备抛补的方式去纠正粮食市场扭曲，而是简单地支付粮食加工商收购价和农民维持农场可持续的价格差。1995—2002年间，美国政府总计提供了1140亿美元的农业各类补贴。美国农业补贴条款的适用范围包括：玉米、高粱、大麦、燕麦、水稻、大豆、油料、棉花、奶类、花生、糖类、羊毛和马海毛、蜂蜜、苹果、干豆类农作物。重点补贴对象是粮食、棉花、油籽和乳品生产。美国最新的农业法案是2014年发布的，包括产品补贴、生态保护、贸易、营养、信贷、农村发展、科研推广、林业、能源、园艺、作物保险、其他共计12个部分。其中，产品补贴政策部分是最主要的。产品补贴政策包括价格损失保障和农业风险保障两类。前者只考虑价格变化，单产是固定的；后者既考虑价格变化，也考虑单产变化。美国价格损失保障与我国的目标价格补贴原理都是一样的：国家事先制定一个目标价格，当市场价格低于目标价格时，国家对农民进行补贴；补贴额是目标价格与市场价格之差，再乘以单产和面积。原理简单，但操作起来不那么简单，需要大量统计和计算：目标价格，一定5年不变；市场价格是全国全年的平均,单产是该农场基期 5 年平均值的 90%,面积是该农场基期 5 年平均值的 85%。按照这个公式,并不是当年生产出来的全部产品都享受补贴,而只是基期生产量的 76.5%(90%乘 85%)。本来,按照世贸组织的定义,与价格变化挂钩的补贴,属于黄箱政策;而美国的这个政策,由于限定了产量(基期 5 年平均产量的 76.5%),因此属于蓝箱政策。美国的农业风险保障不需要支付保费,也不涉及任何商业性保险机构的介入。本质上,同目标价格补贴一样,属于国家对农民的直接收入补贴;不同的是,其除了价格,还考虑单产,故也可以称之为目标收入补贴。由于价格乘以单产等于单位面积收入,因此,农业风险保障,就是单位面积收入保障。补贴的原理类似,每单位面积补贴额,等于政府保障的目标收入与实际收入之差。由于不仅仅考虑价格变化因素,还考虑单产变化因素,因此,计算每个农场的补贴额度,公式更为复杂。美国大部分农场更愿意选择农业风险保障。因为,其不仅考虑了经济因素所导致的价格降低,也考虑了天气或病虫害等自然因素导致的单产减少。美国农业补贴政策三个方面需要特别注意:第一,美国有可靠的统计数据。农场数量少,各类农场总数只有 200 万多点;规模大,产品出售的数量和金额,全程留痕迹,无法造假。如果像我国这样,有 2 亿多农户,每个农户规模平均不到 10 亩,并且经常种植多种作物,销售渠道分散,很多难以记录,操作成本极其巨大,是难以实施的。第二,补贴的产量是固定的,是基期 5 年平均值的 76.5%,不是全部实际产量。第三,补贴设定上限限制。每年收入超过 90 万美元的大农场,不能享受补贴;低于 90 万美元的农场,每年可获得的补贴额,最多不超过 12.5 万美元。

美国 2018 年挑起贸易争端后，特朗普 7 月曾宣布 120 亿美元农业补贴计划，以安抚因贸易战受损的美国农场主。然而美国农民普遍认为该计划是"安抚奶嘴"、"创可贴"，长期无济于事。彭博社 2019 年 5 月 21 日报道，特朗普政府表示最早 23 日宣布，为因贸易战受损的农民们提供新一轮援助，美国农业部长桑尼·珀杜表示，此次援助可达 200 亿美元。然而农民们认为 200 亿美元远远不够，玉米种植户自称上轮计划中"被骗了"，要求更高水平补贴。其他农民觉得最好是早日达成贸易协议，而不是长期靠政府补贴。彭博社援引知情人士说法称，特朗普政府准备宣布新一轮援助计划，援助金额超 150 亿美元且很大程度上是仿照 2018 年计划制定，但是金额更加慷慨。而根据美国农业部长的说法，第二轮农业援助很可能超过 200 亿美元，比原计划要多 50 亿美元。预计还会有第三轮 120 亿美元农业援助，合计援助规模超 300 亿美元。目前援助计划尚未公开，但知情人士透露，政府考虑为每蒲式耳大豆支付 2 美元，每蒲式耳小麦支付 63 美分，每蒲式耳玉米支付 4 美分。2018 年第一轮援助，每蒲式耳大豆获得了 1.65 美元补贴，小麦 14 美分，玉米 1 美分。2019 年 5 月 23 日，美国农业部正式公布了计划向国内农户提供总计 160 亿美元的援助消息，其中有 1 亿美元将用于市场开发。首批直接拨款在 7 月或者 8 月发放，剩余的补贴计划分别在 2019 年秋末和 2020 年年初发放。这次的补贴将基于农户所在县蒙受的损失，按县拨发，不再根据农产品提供。第一轮计划细则预计，大豆生产者将获得共计 72.6 亿美元的补助，小麦种植者约获得 2.4 亿美元，玉米种植者只有 1.92 亿美元，超过 75% 的直接补助都给了豆农。由于补助金额差距相当之大，美国玉米生产商因此颇为不满。值得注意的是，今年以来，由于降雨和洪水影响种子萌发，再加上国际形势不确定性，美国多个地区的作物产量都显著萎缩。目前，外界更为普遍担心的是，在高额补贴预期的助推下，农户可能会在大豆供应已经达到创纪录水平的情况下，继续牺牲玉米种植，且进一步增加大豆种植。

欧盟对农业补贴的方式主要有：（1）实行干预采购，也就是当市场价格低于最低支持价格之时，政府采购特定的过剩农产品，并将其进行临时性储存或者出口。在农产品符合最低质量要求的条件下，干预价格发挥着市场底线价格的作用。（2）对糖和牛奶实行生产和销售配额，目的是限制过度生产，并支持生产成本。配额则是通过减少内部供应来帮助支撑价格。（3）实行进口保护。目的是维持欧盟产品优先的基本原则，并且防止廉价进口产品损害欧盟的内部价格支持体系。为了确保进口产品不低于内部农产品的价格，欧盟对绝大多数进口农产品都要征收高额关税。欧盟农产品进口关税率平均为30%，进口关税率超过100%的农产品高达141种。（4）实行农产品出口补贴。绝大多数得到价格支持的农产品都可以享受出口补贴，为从内部市场转移过剩农产品提供资金，从而支撑内部价格。目前，欧盟出口补贴额在世界贸易组织成员中是最多的。

欧盟用于农业的预算支出，实际上就是对于农业的补贴。欧盟的前身欧共体曾对欧共体农业实行全面的保护价政策，即每年制定一个保护价，国家按照这个价格进行托底收购。实行保护价政策，在调动了农民生产的积极性的同时也有利于农业技术的更新换代，生产效率提升很快。其结果就是欧共体国家农产品生产持续大幅度增长，变为严重过剩，政府不得不出资收购储藏。而保护价政策,还使得欧共体内部农产品价格远远高于国际市场价格,甚至高出 50% 以上。这样,要出口的话,就必须进行补贴,同时必须实行高关税,防止进口产品的冲击。1985 年—1989 年间,欧共体为消化过剩农产品其补贴支出从 180 亿美元增加到了 270 亿美元,增长幅度超过 50%。面对这种情况,欧共体内部的学者到政客曾经有过激烈的争辩。拥护补贴政策的人说,补贴政策大大促进了农业发展,大大提高了食物自给率,保障了粮食安全,是很成功的政策。主张改革的人说,这个政策造成了农产品的大量过剩及其政府大量补贴开支,补贴是浪费,出路应该在于提高生产效率。1992 年欧共体进行了改革,创新引入了直接补贴措施。但改革并不彻底,仍然保持原政策体系不变,只是把保护价水平降低了一些,同时给农民提供相应数额的直接补贴。由于降价幅度不大,因此,并没有从根本上解决问题。1993 年欧盟成立后,迫于高过剩、高补贴及世贸组织谈判压力,再加上欧盟东扩因素,促使欧盟 2003 年通过对农业补贴政策进行了颠覆性改革。根据改革决定,欧盟全面取消了原来的保护价收储政策,而代之以单一的"脱钩补贴"政策。所谓的"脱钩",就是补贴与生产什么、产量多少、市场价格高低等,均不再关联,不再挂钩。而补贴只与基期土地面积多少有关,根据面积进行定额补贴。2003 年,是欧盟农业补贴政策的一个重大分水岭。首先是大大减少了财政补贴压力。目前农业补贴在欧盟总预算中的比例,已经降低到 40% 以下;其次是市场机制配置资源更合理,欧盟的农业更有竞争力,欧盟的市场价格与世界市场价格之间,不再有政策性壁垒;第三是补贴属于绿箱政策,很少有 WTO 贸易争端。2013 年,欧盟又对上述政策进行了进一步的调整完善，确定了 2014 年—2020 年的政策方向、补贴标准和补贴预算总额。7 年的预算总额是 4080 多亿欧元，平均每年 580 亿欧元左右。其中约 78% 用于农业直接补贴，其余 22% 用于农村发展。新政策更加强化了补贴对土地的关联性，要求农民注意保护土地和环境；取消了对食糖、葡萄酒的生产限制；在直接补贴和农村发展的两类补贴资金使用方面，允许在一定幅度内相互替代使用。

欧盟的直接补贴，按照全部成员国平均计算，每公顷合 260 欧元，相当于每亩 130 元人民币左右。欧盟各个成员国补贴强度（每公顷土地补贴金额）有很大的不同。成员国中，获得补贴额最低的国家是立陶宛，仅有 83 欧元，获得补贴额最高的国家是希腊，达到 544 欧元。补贴强度是根据改革前的基期补贴数额确定。2013 年制定的改革目标，是到 2020 年时，把目前的差距程度减少三分之一，把补贴额度最低国家的水平提高到每公顷 200 欧元。欧盟的直接补贴政策中绝大部分都是采用脱钩补贴的方式。但由于各种特殊原因，仍然还有不到 5% 的部分还是采取与特定的产品生产挂钩补贴的做法。主要是少量特殊产品，例如对于甜菜及棉花，一方面限定生产定额，另一方面对定额内的生产，实行最低保护价，超出定额的不予补贴。欧盟农业补贴政策改革大大提升了其国际竞争力。30 年前，欧洲的小麦市场是要靠高进口关税保护的。而 2017 年欧盟小麦的价格每吨只有 140 至 170 欧元，这是 30 年前无论如何也做不到的。

日本在激励农民农业生产过程中，采取了诸多有效措施，其中补贴形式丰富多样，日本的农业被称作"补贴型农业"。日本农业补助是由日本政府（大藏省）向政府农业政策性金融机构或农业生产者、农户提供的资金补贴。由于农业金融机构通常会提供低利且长期的农业贷款,有时甚至会赔本,因而日本政府往往给农业金融机构也提供相应利息贴补。日本政府还会向农场主、农户、农业机械制造者提供直接补贴,以保持他们最基本的收入,提高其对农业生产的兴趣,促进农业生产发展。日本的农业保护政策体系非常复杂,由农产品价格支持政策、对农业生产投入进行补贴和贸易管制构成。其中,农产品价格支持政策是日本政府对国内各种农产品的生产实行直接的价格支持。农业生产补贴是日本农业政策的重要组成部分。至 1984 年最高点时,补贴占预算的比例已经高达 62%。高额的资本补贴与日本的农业结构特点分不开。农业补贴在农业预算的比例中所占份额最大,主要包括农业基础设施建设、农业保险、农业贷款利息、农业机械设备购买补贴等,有些补贴的额度可以占到全部费用的 50% 以上。为提高山区农户的整体收入水平,日本专门制定了针对贫困山区的直接补贴政策。补贴一般面向整个村庄,其资金一半用于村庄基础设施建设一半用于农户收入的直接补贴。在 2000 年《中山间等地区直接支付制度》就明确规定:对在《农业基本法》规定地区内经营面积超过 1 公顷,且与当地村落签订了 5 年以上农地承租合同的规模经营者提供直接补贴,补贴金额最多每公顷 2.1 万日元,承租农地的坡度超过 10% 以及承租面积跨越两个以上村落时,还可以分别再获得补贴。近年来补贴标准有所提高和细化。如 2015 年—2019 年,日本都府县补助标准为普通急倾斜(15°以上)农田每公顷补助 2.1 万日元,缓倾斜(8°以上)农田每公顷补助 8 万日元。2011 年日本制定环境保全型农业支付制度,对减少使用农药化肥的农户优先提供国家扶持资金

6. 理解"农业补贴"须有战略思维

和中长期低息贷款，对减少50%以上化肥农药使用量的农协及农户给予现金补贴。这项补贴制度于2014年被纳入直接支付制度，2015年被纳入农业多功能发挥促进法。补助对象为相关农业者组织或团体、符合一定条件的农业者；补助标准为绿肥种植8万日元/公顷、施用堆肥4.4万日元/公顷、发展有机农业8万日元/公顷，其中杂粮和饲料作物3万日元/公顷，其他经过认定的情形3万~8万日元/公顷。补助面积从2011年17009公顷增加到2016年的85 320公顷，参与市町村数从773个增加到889个。而为有效解决农民承担土地平整费用较高、土地流转缓慢等问题，政府为农田整理提供补贴，农民只需承担大约10%的整理费用；2013年开始由政府承担所有土地整理费用、平整费用和农田水利建设费用，农民只需将土地交给政府主导的中介，不再承担任何整理和建设费用。

日本盛产稻米。由于数量众多的小型农户在由自流灌溉网灌溉的地里生产稻米，从而即使较小的排灌设施也是由很多农户共同使用的，具有公共物品的特性。这种结构要求日本对应于私人投资的农业公共投资要更高。价格支持政策和资本补贴政策使日本国内与国外的粮食价格差距急剧拉大，为了保护本国粮食安全，必须制定贸易管制政策，限制国外农产品对本国的出口。日本实行特定农产品收入稳定计划。如果市场价格低于标准价（前三年的平均市场价），农民将享受补贴。补贴对象主要是种植可耕作物、油籽、水果与蔬菜以及从事畜牧业的农民。同时，日本还有差价补贴计划。如果某些农产品当前的市场价格低于固定的参考价格，生产者可以享受差额补贴。为了抵制国外农产品的价格冲击本国农产品，日本农产品进口关税率平均为58%，进口关税率超过100%的农产品高达142

种。政府还控制着粮食的进口数量和定价。例如，政府按照国际价格进口小麦，然后以 2 倍左右的价格转售给国内面粉加工厂；同时，以高价收购国产小麦，然后以低于进口小麦的价格转售给国内面粉加工厂，以鼓励他们接受国产小麦。在日本农林水产省的主页上，形形色色的补贴项目高达约 470 种，农田保护和灾害防治、土地改良、基础水利、森林病虫害防治等一应俱全，农林牧渔各方面都得到无微不至的补贴。补贴对象有涵盖整个农业的，也有几种是对特定对象的专门补贴。目前，日本务农者平均年龄超过 65 岁。为了鼓励年轻人务农，农林水产省 2012 年度创设了青年务农补贴制度，通过补贴鼓励青年人从事农业，从 2013 年度开始，补贴对象扩大到渔业和林业的新劳力。没有务农知识的青年，可以到都道府县承认资格的农业学校以及先进农户和先进农业法人等处进行培训，最长可以 2 年时间，每年提供 150 万日元的补贴，务农后则可连续 5 年每年提供 150 万日元。除了国家提供的补贴外，地方政府也提供各种补贴，如岛根县从 2012 年度决定给 45 岁至 64 岁的新务农者提供每年 75 万日元的补贴，补充了国家要求 45 岁以下才提供补贴的制度，以促进建立务农环境。

  作为对农业补贴的补充，保险制度也同样是有力的手法。在农业的巨灾保险方面，日本 1947 年制定了"农业灾害补偿制度"，是国家对于农业灾害实施的公共保险制度，国家支付一半的保险金。农业灾害补偿制度以农民相互扶助为基础，由农业互助工会或者市町村运营，而国家补贴互助保险费、运营费，并进行再保险。根据该制度，农民缴纳互助保险费，自然灾害发生后，根据受害程度支付互助金，也称为"农业互助事业"。农业灾害补偿制度的对象包括风灾、水灾、旱灾、寒潮、雪灾以及气象原因导致的火灾、病虫害和鸟兽害等，国库原则上负责保险费的50%。发生灾害后，当收获量比常年减少一定比例的时候，可以计算出减少的量，根据合同的补偿单价计算出支付的互助金总额。根据灾害不同，支付的互助金金额也有很大不同，1993年的寒潮时支付了5487亿日元，2003年支付了1871亿日元的互助金。作物和牲畜补贴保险目前在日本非常流行。政府为这些保险计划提供40%~55%的保险费，农民则支付剩余部分的保险费。当作物或牲畜因自然因素发生意外损失之时，农民可以根据参保条件得到20%~80%的损失赔偿。

我国的农业补贴政策始于20世纪50年代末，最早以国营拖拉机站的"机耕定额亏损补贴"形式出现，之后逐渐扩展到农用生产资料的价格补贴、农业生产用电补贴、贷款贴息补贴等方面。1979年—1980年间，国家财政用于农用塑料薄膜的补贴达16亿元，对当时农业的增产增收起到了重要作用。长期以来，我国农业投入严重不足，资金投入偏重大江大河治理，直接用于改善农业生产条件和农民生活条件的基础设施的投资比例偏小，农业已成为国民经济发展的软肋。我国农业支持水平在数量、结构、对象和方式等方面，与许多国家有较大的差距。对农业给予支持保护是世界各国为提高农业国际相对竞争力的通行做法，特别是美国、加拿大和欧盟等发达国家为本国农业提供了大量的补贴。世贸组织规则所允许使用的12类"绿箱"措施中，我国只使用了6类，国内政府各部门对农业的投入总量不及美国联邦政府农业预算的1/5，国内支持总量（不含大江大河治理、生态环境等）仅占农业总产值的3.6%，远远低于世贸组织多数成员5%~20%的水平。而且，我国农业投资不稳，结构不尽合理。"一五"至"九五"期间，农业支出占国家财政总支出的比重，最高达17%，最低仅为3.4%；农业基建投资占国家基建总投资的比重最高达18.8%，最低为5.8%。同时，农业投资的结构逐渐向水利和林业倾斜。当前，中央财政预算内农业基本建设投资中，水利最多，农业所占份额最小。"九五"期间，中央财政用于农、林、水的基本建设投资中，用于水利为1049亿元，占63.77%；用于林业为180亿元，占10.94%；用于生态建设为260亿元，占15.81%；用于农业为86.5亿元，仅占5.26%。这与农业在整个国民经济中的地位和作用不相适应。我国对农业补贴的投入具有如下三个方面的特征：（1）补贴范围普遍。财政对农业生产流通领域的多环节、多类别的补贴几乎涉及了农产品生产与流通的全过程。（2）价格补贴为主。大多数补贴用于降低农用生产资料的价格、支农服务的收费标准以及农产品购销环节的补贴。（3）补贴方式隐蔽。财政对农业补贴方式多采取"暗补"的方式，即财政补贴资金不直接以财政拨入的方式进行，而是通过流通渠道间接地给予补贴。这种方式体现在农业生产中，带有一种补助性质。

农业农村部、财政部发布的2019年重点强农惠农补贴政策主要集中在四个方面：一是用于农业生产发展与流通。主要包括有：耕地地力保护补贴；农机购置补贴；优势特色主导产业发展；国家现代农业产业园；农业产业强镇示范；信息进村入户整省推进示范；奶业振兴行动；畜牧良种推广；重点作物绿色高质高效行动；农业生产社会化服务；农机深松整地；耕地轮作休耕制度试点；产粮大县奖励；生猪（牛羊）调出大县奖励；玉米、大豆和稻谷生产者补贴。二是用于农业资源保

6. 理解"农业补贴"须有战略思维

护利用,主要包括:草原生态保护补助奖励;渔业增殖放流;渔业发展与船舶报废拆解更新补助;长江流域重点水域禁捕补偿;果菜茶有机肥替代化肥行动;农作物秸秆综合利用试点;畜禽粪污资源化处理;地膜回收利用;地下水超采综合治理;重金属污染耕地综合治理。三是用于农田建设,主要包括:高标准农田建设;东北黑土地保护利用。四是用于农业防灾减灾,主要包括:农业生产救灾;动物疫病防控;农业保险保费补贴。

目前,申请国家农业补贴的对象主要是种粮大户、涉农企业、农民合作社,家庭农场等有带动能力的新型农业经营主体。在资质条件方面,对于涉农企业,要求其应具有企业法人资格,且经营一年以上;有一定的经营规模和持续经营管理能力,能够保证落实自筹资金和项目顺利实施;示范带动作用强,能够带动和促进农民增收;没有不良诚信记录。而对于农民合作社,要求应符合农民合作社法有关规定,且经营一年以上;有一定的经营规模和持续经营管理能力,能够保证落实自筹资金和项目顺利实施;有一定的示范带动作用,能够带动和促进农民增收;没有不良诚信记录。

7. "农产品期货"提前锁定风险和收益

农产品期货其实是指农产品订购合同。由于该类订单中需要规定农产品的收购数量、质量和最低保护价条款，使双方享有相应的权利和义务，且这种权利及其义务对双方具有严格的约束力，不能单方面撕毁合同。农产品期货合同订单是在农产品种养前签订，因而是一种期货贸易，所以也称作期货农业。使用期货合同为农民服务的成功范例当属美国。美国政府通常会将玉米生产与玉米期货期交易联系起来，积极鼓励和支持农民利用期货市场进行套期保值交易，以维持玉米的价格水平，替代政府的农业支持政策，通过玉米期货市场，美国已经成为全球玉米定价标尺。而随着我国农业产业化经营的推进和发展，以及现代农业观念的深入和普及，我国已经有不少农产品已经实行了期货交易，如黑龙江省的大豆交易市场；天津市的红小豆交易市场，其中最引人注目的是河南省延津县的小麦交易成功使用了"期货农业"这一现代农业经营模式。在延津县政府的引导和推动下，该县粮食局下属的麦业有限公司，发起成立了全县小麦协会，通过400多个行政村单位向全县10万多农户实行供种、机播、管理、机收和收购"五统一"。以

7. "农产品期货"提前锁定风险和收益

高于市场每斤 0.05 元~0.06 元的价格与农民签署优质小麦订单，同时粮食企业通过期货市场进行套期保值，在小麦种植或收获之前，就买到期货市场，并根据在期货市场套期保值的收入情况，对参与订单的农民进行二次分配，使"期货农业"这一为广大农户保障增收的经营模式，已经在延津县及河南省大部分地区均取得了多赢的效果，延津模式受到了众多国内外农业经济和粮食问题专家、学者的高度赞誉和好评。

农产品期货作为一种更高级的市场形式，不仅能够有效规避价格风险，还可以为订单农业的顺利运行提供载体，对广大从事种植业的农民进行收入保护，它是降低种植农户对农产品经营风险最为理想的模式方法。我国目前开展的农产品期货交易商品主要包括有：（1）粮食期货，主要有小麦期货、玉米期货、大豆期货、豆粕期货、红豆期货、大米期货、花生仁期货；（2）经济作物类期货，主要有原糖，咖啡，可可，橙汁，棕榈油和菜籽期货；（3）畜产品期货，主要有肉类制品和皮毛制品两大类期货；（4）林产品期货，主要有木材期货和天然橡胶期货。根据美国期货业协会（FIA）统计，2011 年我国农产品期货成交量已经占全球农产品期市成交量的 58%。进入 2018 年，我国豆粕在农产品类中排名全球第一，成交量为 2.38 亿手；菜籽粕在农产品类中排名全球第二，成交量为 1.04 亿手；苹果在农产品类中排名全球第三，成交量为 1.00 亿手。当前我国的农产品期货，无论是从品种数量、交易规模上还是对市场的影响上，都已经具备了编制农产品期货价格指数的基本条件。不过，目前我国并未完整编制农产品期货价格指数，以农产品现货价格指数为主，主要有全国农产品批发价格指数、全国粮油批发价格指数、中国棉花价格指数。总结实践经验来看，适合于进行期货交易的农产品需有以下特征：（1）品质易于形成标准。在期货交易中，期货合约往往已经转手多次才最后进入实物交割，不可能期货合约每转手一次，买卖双方都依在现货交易中一样对商品检验一次。所以，为了保证到期交割的实物商品符合合约中所列明的质量等级标准，就要求进入期货市场进行交易的商品必须是容易划分质量等级的农产品。（2）能够长期贮藏而且适宜于运输。（3）期货农产品的现货市场应容量大且价格波动剧烈频繁。（4）期货农产品的现货市场不存在有碍于公平交易的垄断行为。只有具备以上特征的农产品才能够进行期货交易。

　　目前上市交易的农产品期货中，玉米期货于 2004 年 9 月在大商所上市；玉米淀粉期货于 2014 年 12 月在大商所上市；大豆 1 号（食用）于 2002 年在大商所上市；大豆 2 号（榨油用）于 2004 年在大商所上市；普麦是 2008 年上市的硬麦合约变更而来，强麦上市于 2003 年，这两个品种都在郑商所上市；早籼稻 2009 年上市，晚籼稻是 2014 年上市，粳稻是 2013 年，这三个品种都在郑商所上市交易；豆粕期货于 2000 年 7 月份在大商所上市；豆油期货于 2006 年 1 月在大商所上市；棕榈油期货于 2007 年 10 月在大商所上市；菜粕期货于 2012 年 12 月在郑商所上市；菜籽期货于 2012 年 12 月在郑商所上市；菜油于 2007 年 6 月在郑商所上市；白糖期货于 2006 年 1 月在郑商所上市；棉花期货于 2004 年 6 月在郑商所上市；棉纱期货于 2017 年 8 月在郑商所上市；苹果期货于 2017 年 12 月在郑商所上市；粳米期货于 2019 年 8 月 16 日在大商所上市。

　　相对于工业品期货，农产品期货交易的规律还算是有章可循的:(1)在农产品大行情中,期货的涨跌幅往往没有现货大。现实中大家普遍看法是,期货的价格带动现货价格,期货的涨跌先于现货的涨跌,期货的涨跌幅更容易大于现货的,或许在无行情的时候这是对的,毕竟一段时期内,资金可以对盘面造成较大的影响。但在单边行情尤其是大行情中,现货往往会引领期货,甚至,现货的涨跌幅会远远大于期货。做期货根本还是现货的供求关系。预期单边行情的时候,要持续的关注现货行情的变化,多去了解现货供应链的整个环节。在某个农产品价格大涨大跌的时候,往往现货的涨跌幅更厉害,当然最主要的力量必然是供求关系。(2)农产品的价格若长期低于成本,往往会爆发价格成倍上涨的大行情。若一个品种的价格若低于成本,生产者的生产积极性必然下降,若长时间如此,越来越多的生产者会放弃这个品种,越来越多的农民会放弃这个品种,改种其他的品种,那么该品种的生产面积和总产量必然下降。如果在发生一些其他不利因素,如天灾导致的产量进一步下降,或大环境处于增发货币的刺激中,那么供求关系的不平衡将会爆发,价格就会有大幅的上涨。一个品种的价格低于成本的时间越长,价值越被低估越狠就越具备期货投资价值。(3)农产品的大行情主要发生在收获季。在收获之前,人们往往对减产的预期不够充分,也没有足够的理由确认减产的幅度。大幅减产的信息确认之前,总会伴随各种希望,会感觉出现的供不应求是暂时的,新的供应上来就不用担心了。只有等到收获了,确认了减产,才发现自己的希望破灭了。而当人们承认自己的错误的时候,又很可能会走向另一个极端。(4)出售价格就是所抑制需求的缺口。价格上涨肯定会抑制一部分需求,若价格上涨抑制的需求刚好能匹配供应的缺口量,那么此时价格应该到了一个可以卖出的范围。如果需求抑制的不够,价格还会继续上涨,直到涨到双方达成了新的共识,才有可能停止。而停止后有两种可能:一种是盘整,也就是形成了一个新的价格动态平衡区间;另一种是快速下跌,因为这个价格可能是建立在卖方惜售和多方的投机者大量跟进的情况下,这种情况出现,意味着实际供应可能没有那么少,同样的实际需求或许没有那么多,价格必然下跌。(5)分析农产供应更有效。经济好大家要吃饭,经济不好大家也是要吃饭。随着人口的增多和经济条件的提升,农产品的需求长期看是会逐步提升的。工业品大多不是刚需,需求很难稳定,经济环境好,人们敢于消费,需求就增多,经济环境差,人们难挣钱了只能节流,需求就会下降。农产品目前还是靠天吃饭,气候条件好则丰收,气候条件差则减产。如果遇到自然灾害,必然急剧减产。农产品的重点在于供应,因为需求相对稳定,所以供应出了问题就会影响行情。(6)影响农产品期货的因素可确定性强。农业品与工业品有着本质的区别,影响农产品供应的土地、气候、单产、农民的积极性主要因素,需求因素方面的消费频率、人口、替代品种因素,其可确定性较强。而影响工业品供应产能、政策执行度、技术革新因素。需求因素方面的经济形势、货币政策、宏观调控、国际关系因素,则可确定性低。农业生产天定的东西比较多,容易分析和找规律,千年一面。

根据交易者交易目的的不同,农产品期货交易模式可分为套期保值、投机、套利三类。套期保值是指把期货市场当作转移价格风险的场所,利用期货合约作为将来在现货市场上买卖商品的临时替代物,对其现在买进准备以后售出商品或对将来需要买进商品的价格进行保险的交易活动。具体来说,农产品套期保值就是买入(卖出)与现货市场数量相当、但交易方向相反的期货合约,以期在未来某一时间通过卖出(买入)期货合约来补偿农产品现货市场价格变动所带来的实际价格风险。套期之所以能够保值,是因为同一种特定商品的期货和现货的交货日期前后不一,而它们的价格,则受相同的经济因素和非经济因素影响和制约。而且,期货合约到期必须进行实物交割的规定性,使现货价格与期货价格还具有趋合性,即当期货合约临近到期日时,两者价格的差异接近于零。因此,在到期日前,期货和现货价格具有高度的相关性。在相关的两个市场中,反向操作,必然有相互冲销的效果。具体到保值的类型有买入套期保值和卖出套期保值两种。买入套期保值是指通过期货市场买入农产品期货合约以防止因农产品现货价格上涨而遭受损失的行为;卖出套期保值则指通过期货市场卖出农产品期货合约以防止因农产品现货价格下跌而造成损失的行为。不论是向市场提供农副产品的农民,还是向市场提供基础原材料的企业,作为社会商品的供应者,为了保证其已经生产出来并准备提供给市场或尚在生产过程中将来要向市场出售的商品的合理的经济利润,防止正式出售时价格的可能下跌而遭受损失,均可采用卖出期货保值的交易方式来减小价格风险,即在期货市场以卖主的身份售出数量相等的期货作为保值手段。而对于经营者来说,他所面临的市场风险是商品收购后尚未转售出去时,商品价格下跌,这将会使他的经营利润减少甚至发生亏损。为规避此类市场风险,经营者也可采用卖出期货保值方式来进行价格保险。对于加工者来说,市场风险来自买和卖两个方面,他既担心原材料价格上涨,又担心成品价格下跌,更怕原材料上升、成品价格下跌局面同时出现。只要该加工者所需的材料及加工后的成品都可进入期货市场进行交易，那么他就可以利用期货市场进行综合套期保值，即对购进的原材料进行买入期货保值，对其产品进行卖出期货保值，以解除他的后顾之忧，锁牢其加工利润，从而专门进行加工生产。

对套期保值者来说，基差的变化至关重要。基差是某一特定地点某种商品的现货价格与同种商品的某一特定期货合约价格间的价差。若不由加说明，其中的期货价格应是离现货月份近的期货合约的价格。基差并不完全等同于持仓费用，但基差的变化受制于持仓费用。基差是现货价格与期货价格的变动幅度和变化方向不一致所引起的。只要套期保值者随时观察基差的变化，并选择有利的时机完成交易，就会取得较好的保值效果，甚至获得额外收益。同时，由于基差的变动比期货价格和现货价格相对稳定，为套期保值交易创造了十分有利的条件。熟悉基差的变动对套期保值者来说大有益处。

"投机"一词用于期货、证券交易行为中，并不是贬义词，而是中性词，是指根据对市场的判断，把握机会，利用市场出现的价差进行买卖并从中获得利润的交易行为。投机者可以"买空"，也可以"卖空"。相信价格会涨并买入期货合约称"买空"或称"多头"，亦即多头交易；看跌价格并卖出期货合约称"卖空"或"空头"，亦即空头交易。投机的目的很直接，就是获得价差利润。所以，投机者一般只是平仓了结期货交易，不进行实物交割。如预计11月小麦期货价格上升，则10月份决定买进11月小麦合约若干手，待小麦价格上升后，在合约到期之前，卖出合约平仓，扣除手续费后获净利。若预计错了，则受损失，并支付手续费。如预计11月小麦期货价格下跌，则应做空头，然后待机补进以获利。进行价差投机的关键在于对期货市场价格变动趋势的分析预测是否准确，由于影响期货市场价格变动的因素很多，特别是投机心理等偶然性因素难以预测，因此，正确判断难度较大，投机的风险较大。投机主要有三类：第一类是长线投机者，此类交易者在买入或卖出期货合约后，通常将合约持有几天、几周甚至几个月，待价格对其有利时才将合约对冲；第二类是短线交易者，一般进行当日或某一交易节的期货合约买卖；第三类是逐小利者，又称"抢帽子者"，他们的技巧是利用价格的微小变动进行交易来获取微利，一天之内可以做多个回合的买卖交易。投机者承担了套期保值者力图规避和转移的风险，因而使套期保值成为可能。投机者频繁建仓并对冲手中的合约行为，客观上增加了期货市场的交易量。既使套期保值交易容易成交，又能减少交易者进出市场所可能引起的价格波动。由于不同期货市场商品间价格具有高度相关性，使得投机者参与后客观上促进了相关市场和相关商品的价格调整，有利于改善不同地区价格的不合理差异，改善商品不同时期的供求关系，使商品价格趋于合理，并且有利于调整某一商品的价格比值，使其更加趋于合理及其稳定。投机者在价格处于较低水平时买进期货，使需求增加，导致价格上涨，在较高价格水平卖出期货，使需求减少，这样又平抑了价格，使价格波动趋于平稳，从而形成合理的价格水平。投机者是农产品期货市场的重要因素，是期货市场必不可少的润滑剂，也是期货市场正常运营的保证。

套利是指同时买进和卖出两张不同种类的期货合约。交易者买进自认为是"便宜的"合约，同时卖出那些自认为是"高价的"合约，从两者的价格差的变动关系中获利。套利交易可以为避免始料未及的或因农产品价格剧烈波动而引起的损失提供某种保护，但套利的盈利能力也较直接交易小。套利的作用还包括帮助扭曲的市场价格恢复到正常水平以及增强市场的流动性。在农产品期货市场中，投机的功能是发现价格，而套利的功能就是发现市场的相对价格。另外，套利的依据是价格的关系，投机操作的依据是价格水平，而价格关系能够反映价格水平的合理程度。因此，研究套利对判断市场的投机状态以及价格水平是否合理大有裨益。在进行套利时，交易者注意的是合约之间的相互价格关系，而不是绝对价格水平。套利一般可分为三类：跨期套利、跨市套利和跨商品套利。举例来讲，豆粕和豆油是大豆的加工产品，三者之间存在着比较固定的价格关系，这种价格关系是由价格所属时期压榨行业平均技术水平和社会平均压榨利润决定的。当前，1吨大豆可加工出0.785吨豆粕以及0.18吨豆油，加工费用一般为110元/吨。这样，大豆、豆粕、豆油间的价格关系就可以用公式表示如下：大豆价格 + 110（加工费用）+ 压榨利润 = 豆粕价格 × 0.785 + 豆油价格 × 0.18。假如豆油价格的波动比较平缓且一定的时期内可以将其固定，若按近期时间豆油平均价格4500元/吨来计算，则上述价格关系公式简化后：大豆价格 + 压榨利润 = 豆粕价格 × 0.785 + 700。在大豆压榨套利中，我们以压榨利润值作为指标来衡量大豆和豆粕的价格关系是否合理。公式中的"压榨利润"值就是确定大豆、豆粕价格关系是否进入投机状态的套利衡量指标。其计算公式是"压榨利润 = 豆粕价格 × 0.785 + 700 − 大豆价格"；当大豆压榨利润过高时，便会有更多的油厂提高豆粕产出量，拉动大豆需求，从而抑制豆粕价格的上升、抬高大豆的价格；反之则相反。需要说明的是，套利者要能够判断出商品价格关系是进入投机状态的临界值。这一临界值在压榨套利中，可以根据压榨行业实际经营情形来确定，也可以根据期货市场的价差波动规律来总结。假定国内大豆的压榨平均利润在 100 元/吨以下，按照以上述公式计算出的压榨利润值超过 100 元/吨以上时，即可进行买入大豆同时卖出豆粕的套利操作。但如果压榨利润值是负数，达到 -100 元/吨时，可以进行买入豆粕同时卖出大豆的反向套利操作。在建立了价格关系模型以后，应随着影响价格关系的各变量因子的改变而及时调整关系模型和临界值，同时连续追踪衡量价格关系的套利指标值，把握指标值接近临界值的机会，及时做出准备进场的重要决策。假定投资者年度内观察某日大豆、豆粕的实际收盘价格分别是 2094 元/吨、1658 元/吨，计算压榨利润指标值 = $1658 \times 0.785 + 700 - 2094 = -92.47$（元/吨），接近临界值水平。到次日收盘时，大豆、豆粕的收盘价格分别是 2118 元/吨、1659 元/吨，计算压榨利润指标值是 -115.69 元/吨，已经超过临界值。这时，投资者有理由做出买入豆粕同时卖出大豆套利操作的决策。

期货交易是在期货交易所进行。期货交易所，是买卖期货合约的场所，期货交易所本身不进行交易活动，具有非营利属性，主要是为交易者提供一个公开、公平、公正的交易场所并在有效监督服务基础上实现合理的经济利益。期货交易所的收入来源主要包括会员会费收入、交易手续费收入、信息服务收入及其他收入。它所制定的一套制度规则为整个期货市场提供了一种自我管理机制，使得期货交易的"公开、公平、公正"原则得以实现。我国更够从事农产品期货交易的交易所主要有郑州商品交易所、大连商品交易所、上海期货交易所。郑州商品交易所（简称郑商所）于 1990 年 10 月成立且实行会员制。截至 2019 年 6 月 30 日，共有会员 164 家；指定交割仓（厂）库 269 家；指定保证金存管银行 14 家。郑商所目前上市交易普通小麦、优质强筋小麦、早籼稻、晚籼稻、粳稻、棉花、棉纱、油菜籽、菜籽油、菜籽粕、白糖、苹果、红枣、动力煤、甲醇、精对苯二甲酸（PTA）、玻璃、硅铁和锰硅 19 个期货品种和白糖、棉花期权，范围覆盖粮、棉、油、糖、果和能源、化工、纺织、冶金、建材等多个国民经济重要领域。截至 2019 年 6 月 30 日，郑商所累计成交量 5.25 亿手，成交金额 19.42 万亿元，日均持仓量 404.97 万手。郑商所实行保证金制、每日涨跌停板制、每日无负债结算制、实物交割制等期货交易制度。大连商品交易所（简称大商所）成立于 1993 年 2 月 28 日，并于同年 11 月 18 日开始营业，是中国东北地区唯一一家期货交易所。目前已上市玉米、玉米淀粉、黄大豆 1 号、黄大豆 2 号、豆粕、豆油、棕榈油、鸡蛋、纤维板、胶合板、线型低密度聚乙烯、聚氯乙烯、聚丙烯、乙二醇、焦炭、焦煤、铁矿石共计 17 个期货品种和豆粕、玉米两个期权品种，并推出了棕榈油、豆粕、玉米、焦炭、焦煤和铁矿石等 14 个期货品种和 2 个期权品种的夜盘交易，目前拥有会员单位 164 家，指定交割库 314 个。2018 年，大商所期货年成交量和成交额分别达到 9.69 亿手（单边，下同）和 52.19 万亿元，豆粕期权全年成交量和成交额分别达到 1252.16 万手和 92.66 亿元。根据美国期货业协会（FIA）公布的全球主要衍生品交易所成交量排名，2018 年大商所在全球排名第 12 位。目前，大商所是全球最大的农产品、塑料、煤炭、铁矿石期货市场。上海期货交易所（简称上期所）是受中国证券监督管理委员会

7. "农产品期货"提前锁定风险和收益

集中统一监管的期货交易所。根据公开、公平、公正和诚实信用的原则，上期所组织经证监会批准的期货交易，目前已上市铜、铝、锌、铅、镍、锡、黄金、白银、螺纹钢、线材、热轧卷板、原油、燃料油、石油沥青、天然橡胶、纸浆 16 个期货品种以及铜、天然橡胶 2 个期权合约。上海上期商务服务有限公司、上海期货信息技术有限公司、上海期货与衍生品研究院有限责任公司和上海国际能源交易中心股份有限公司是上期所的下属子公司。上期所现有会员 198 家（其中期货公司会员占近 76%）。上期所挂牌交易的产品中，原油期货是我国首个国际化期货品种，铜期权是我国首个工业品期权，天然橡胶期货具备权威定价位置。上期所实行保证金和每日无负债结算制度，每日对会员的交易进行集中结算，期货公司会员负责对其客户交易进行结算。上期所实行实物交割制度，合约到期以实物交割方式履行合同，旗下全国交割仓库 93 家，为会员及投资者提供全面及时的服务。

8. "农业生产性服务业"贯穿全产业链

基于我国农业生产的现状来分析,当前和今后很长一个时期,小农户家庭经营将是我国农业的主要经营方式。截至2017年底,全国2.7亿农户中,10亩以下、户均耕种面积不足5亩的农户2.3亿户,占比达到85.2%的绝对大数值。一方面,小农户对接现代农业发展过程中显露诸多方面的矛盾,诸如对接大市场的困难;先进生产技术应用不足;农业投入能力不足;规模经营绩效实现困难。另一方面,随着我国城镇化的深度推进、农村劳动力大量转移到城镇,农户经营农业的积极性普遍减退。谁来种粮食,怎样种好粮食已成为事关农业根基、社会高度关注的紧要问题。而不容忽视的现实是,"大国小农"仍是相当长一段时间内我国农业生产的基本国情,如何把小农户生产引入现代农业发展轨道,提升农业生产效率,进而提升农产品竞争力,成为一个重要的问题。习近平在2017年中央农村工作会议上指出,大国小农是我们的基本国情农情,要培育各类专业化市场化服务组织,提升小农生产经营组织化程度。而发展农业生产性服务业,为农户提供社会化服务,是发展农业适度规模经营,提高农业规模效益的重要途

8. "农业生产性服务业"贯穿全产业链

径;是将农户引入现代农业发展轨道,实现特色农业现代化的有效路径;是提高农产品竞争力、推动农业绿色发展,实现质量兴农、绿色兴农的必然要求。

2017年,原农业部、国家改革发展委员会、财政部出台了《关于加快发展农业生产性服务业的指导意见》,强调要将农业生产性服务业打造成为战略性产业。大力发展多元化、多层次、多类型的农业生产性服务,推动多种形式适度规模经营发展,带动更多农户进入现代农业发展轨道。2019年中央一号文件明确指出了要加快培育各类社会化服务组织,为一家一户提供全程社会化服务。2019年2月,中共中央办公厅、国务院办公厅又印发了中央全面深化改革委员会通过的《关于促进小农户和现代农业发展有机衔接的意见》,重点指出要健全面向小农户的社会化服务体系,发展农业生产性服务业、加快推进农业生产托管服务、推进面向小农户的产销服务。政策接连出台,农业生产性服务业正受到前所未有的重视,也迎来了巨大的历史性发展机遇。

农业生产性服务应贯穿于农业生产作业整个链条,直接完成或协助完成农业产前、产中、产后作业,是让农民省钱、省心、省力的一个产业。时至今日,农业生产性服务已慢慢扩展延伸到农业市场信息服务、农机作业服务、农资供应服务、生产托管服务、绿色生产技术服务、农产品营销服务、农产品初加工服务等,内涵日渐丰富,形式更为多样。发展农业生产性服务业,帮助小农户节本增效,解决一家一户办不了、办不好、办起来不合算的事情,实现小农户与现代农业发展的有机衔接,既是推进多种形式适度规模经营的迫切需要,也是实现质量兴农、绿色兴农的有效路径,同时也是现代农业建设的重要内容、振兴乡村的大产业。农业生产性服务业正成为第三次具有全局意义的农业现代化动能来源，是新时代我国发展现代农业的主力军和巨大潜力所在。数据显示，近年来，农业生产性服务业加快发展，各类服务组织蓬勃兴起，数量超过115万个。2017年，农业生产性服务业在产中环节开展生产托管的面积达到2.3亿亩，占农作物播种面积的12.2%的比例，服务农户3600多万户。服务组织为农户提供全程生产服务，每年每亩实现节本增收485.3元，农户户均增收节支2900多元，充分显现了农业生产性服务业在帮助农民、提高农民、富裕农民方面的潜力和作用。据业内专家预测，随着我国现代农业的加快推进，对农业生产性服务的需求越来越旺盛，农业生产性服务业将是未来最有潜力的一个大产业。近年来，相关政策也给予有力扶持，仅2017—2018年，我国直接面向小农户的农业社会化服务项目财政补助累计已达70亿元。今后一个时期，将是农业生产性服务业发展的黄金期，预计市场交易规模将达万亿元以上。

发展农业生产性服务业是现代农业发展的基本规律。从世界范围看，农业分工分业的不断深化是现代农业发展的必然趋势，美国农业劳动力只占总劳动力的2%左右，但为农业提供服务的农机作业、产品加工、运输，以及供销、仓储、资金借贷、保险销售、市场信息服务的人数却占整个劳动人口的10%以上，大大超过直接从事农业的人口。随着一个国家农村社会结构和经济结构的发展变化，农业生产性服务的市场需求将快速增长，农业内部的分工分业将是现代农业发展的基本规律。改革开放40年来，我国农业劳动力结构发生巨大变化。目前，我国有2.87亿青壮年劳动力外出务工，从事非农产业，

8. "农业生产性服务业"贯穿全产业链

农村劳动力短缺、老龄化现象日益凸显，兼业化越来越普遍。据对 2 万多农户的调查，我国农业从业人员平均年龄约 50 岁，60 岁以上的比例超过 24%。这种从业人员结构，要保证 10 多亿人口大国的农产品供给问题，就迫切需要发展农业生产性服务业，这为农业生产性服务业发展提供了旺盛的需求。经过多年的扶持引导，开展农业生产性服务的技术力量、设施装备、服务主体等方面都已具备了一定的规模。在国家公职人员队伍中，全国现有 50 多万从事农业科技教学推广服务的专业人员，社会上还有一大批农业大中专院校毕业生和农村成长的土专家、田秀才。拥有近 10 亿千瓦的农业动力机械、数千万套配套装备和不少仓储、物流、加工等设施设备。已经培育 300 多万的合作组织、家庭农场、专业大户、龙头企业等新型经营主体。加快推进农业生产性服务业的基础条件已经具备。近几年，各级政府扶持政策的重点已经逐步向补服务转变。首先，是因为我国农业生产性服务的技术装备和服务能力已经达到一定的规模；其次，是为了扶持引导小农户广泛接受农业生产性服务，并通过财政补贴降低生产成本；第三，是为了培育农业生产性服务市场，推动农业生产性服务业的加快发展。有巨大需求自然催生各类农业生产性服务组织相继萌发兴起，在不同领域试水探索，形成了独具特色的服务模式。在山东高密，村合作社、农机合作社和农民结成三方利益共同体。村合作社将全村土地集中后由宏基农机合作社承包托管，向村集体支付每亩 40 元~50 元的费用，不仅村集体有了一定收入，而且由于有效整合地边地沿后每百亩可以再提升 3% 的种植空间。农机合作社从种到收一条龙规模化作业每亩能减少 200 多元种植成本，同时还能获取服务费和农资供应。村合作社采用"保底

+分红"的全托管模式，老百姓的服务费统一交到区管委会，托管服务通过村级验收合格以后，再把服务费拨付到宏基农机合作社。这样的监督考核机制能保证服务质量。截至2017年底，咸家工业区24个村共3.2万亩农田实现了大田托管，小而灵活的基层合作社发挥出了农业生产性服务组织的功能，带动基层小农户走向共赢的现代农业。2009年夏天，"科技小院"落户河北省曲周县白寨乡，中国农业大学教授张福锁和李晓林带领学生，开始手把手、村挨村地对农民传授测土配方施肥、小麦玉米精播、小麦水氮后移新技术，种下公益性服务的第一粒种子。之后十年，他们与23个省区的29家科研院所合作，建立了100多个科技小院，在科技小院里生活、学习、工作，成为农民朋友的技术帮手。在重庆市梁平区仁贤镇仁贤村，50多岁的村民贺清华2017年流转了110亩水田用来机械种水稻。他算了笔经济账：人工插秧每亩200元；机器插秧每亩最多60元。人工收割每亩400元；机械收割每亩最多200元。贺清华的想法其实并非独树一帜，当地农机合作社如雨后春笋，目前梁平区已成立40多个农机合作社，各类农机设备共计9892台套。2017年，当地农机合作社服务了125万亩农田，社会化服务占农机作业服务总面积的70%以上，同时服务总收入约1.1亿元，为农户降支增收1.6亿元。而家住双辽市卧虎镇农民李继光没想到的是，困扰其多年的玉米销售问题，轻松地被中化集团MAP解决了。玉米成熟后，几辆玉米籽粒收获机直接开到他家地头，机收结算现场完成，30多万斤玉米，每斤收购价比市场价高出2分钱，再也不用担心坏天气了。经过中化集团MAP的统一种植管理，再通过农超对接、农社对接、电子商务、订单生产，农民地里的优质粮食都流入了企业的仓库里,流到了国人的餐桌上。而为了减轻天气的不良影响,中化还与金融机构合作,采用"保险+期货"的形式试点推广"种植收益险",减少农民的种植风险。深圳诺普信农化股份有限公司从2015年开始重点打造"田田圈"农业服务平台,专注于金菠萝、黄金百香果、苹果等作物的深耕细作,深入研究作物的种植痛点,打造高标准示范园区,从种苗、肥水、用药、农机、销售等各环节入手,提供从种到收到售的全产业链服务,带动农资经销商转型为农业服务商,打造业内遥遥领先的区域综合服务平台。中农普惠金服科技股份有限公司则从农业大数据入手,融合物联网、云计算技术开发出一套精细化种植管理信息化系统。通过将种植生产过程数据分析,辅助生产者对种植进行优化决策、精准投入、提升效率。该系统目前已在马铃薯、柑橘、西蓝花多种经济作物上应用,覆盖面积850多万亩,成为规模化农业经营主体省钱省力的智能好帮手。2018年成立的中国农业生产性服务联盟,旨在建立农技推广系统,并将各类农业服务龙头企业聚集在一起,集中智慧解决问题,推动行业合作与创新发展,目前已经聚合了近500名农业服务者代表。综合实践,广义的农业生产性服务业跨度覆盖田间到餐桌,贯穿于农产品生产到食品进入老百姓餐桌全过程;而狭义的农业生产性服务业集中于农产品的生产过程,主要是从播种到收获的农业生产作业提供全部或部分生产经营服务。

我国农业生产方式正在从传统的经验农业、工业农业向知识农业、融合农业转变,这也对农业生产性服务业提出了更高的要求。首先要用现代的物质装备来武装农业,用现代的科学技术和生产方式来服务和改造农业,把加工、流通、销售等环节有机联系起来，用以互联网为代表的数字信息技术实现小农户与大市场的有效对接。在农业生产性服务业中，农机服务既是主要的组成部分，也是农民受益最直接的服务。要围绕优化农机装备资源配置，积极促进多元农机服务主体发展；围绕提高管理服务效率，加快互联网、物联网、大数据等在农机服务中的有效应用；围绕助推多种形式的适度规模经营，探索发展"全程机械化＋综合农事"等一站式、一条龙配套服务模式。

《关于加快发展农业生产性服务业的指导意见》强调，要在七个关键服务领域发挥作用：一是农业市场信息服务。围绕农户生产经营决策需要，健全市场信息采集、分析、发布和服务体系，用市场信息引导农户按市场需求调整优化种养结构、合理安排农业生产。二是农资供应服务。支持服务组织积极开展种子、农药、兽药、化肥、饲草料等农资供应服务，方便农民购买。三是农业绿色生产技术服务。支持服务组织开展深翻、深松、秸秆还田等田间作业服务，集成推广绿色高产高效技术模式。推进病虫害统防统治与全程绿色防控有机融合。四是农业废弃物资源化利用服务。推动建立畜禽养殖废弃物收集、转化、利用三级服务网络。积极探索地膜生产者责任延伸制度。培育一批秸秆收储运社会化服务组织，促进秸秆资源循环利用。五是农机作业及维修服务。推进农机服务环节从耕种收为主向专业化植保、秸秆处理、产地烘干等农业生产全过程延伸。打造区域农机安全应急救援中心和维修中心，推动专业维修网点转型升级。六是农产品初加工服务。支持农产品加工流通企业和服务组织发展储藏、烘干、清选分级、包装等初加工服务，提高商品化处理能力。七是农产品营销服务。推进农超对接、农社对接，利用农业展会开展多种形式的产销衔接，积极发展农产品电子商务，拓宽农产品流通渠道。鼓励具有资质的服务组织开展农产品质量安全检验检测。

发展农业生产性服务业意义重大。一是丰富了规模经营的表现形式。让农民找到一条通过土地流转实现规模经营以外的道路，通过选择不同服务形式和内容，解决农业生产经营全部或部分关键生产环节的服务需求，实现服务产业的规模经营。二是促进了农业增产和农民增收。农业生产性服务业实现了生产资料集中购买、生产经营集中进行、产品集中销售，这种集中最大限度地降低了成本，实现了农业增效农民增收。三是实现了小生产与大市场的对接。生产性服务集聚要素、集聚主体、集聚市场，实现了农户生产与现代生产要素的有机结合，是需要高度重视的战略性产业。我部最新数据显示，2017年，农业生产性服务业在产中环节开展生产托管的面积达到2.3亿亩，占农作物播种面积的12.2%，服务农户3600多万户，参加农业生产性服务的农户户均增收节支2900多元，充分显现了农业生产性服务业在帮助农民、提高农民、富裕农民方面的潜力和作用。

发展农业生产性服务业是全球现代农业发展的共同选择。特别是现代农业发展的早期阶段，不仅是农业资源禀赋丰裕的北美，抑或是农业资源禀赋相对短缺的东亚国家，在工业化、城镇化的进程中，随着农业劳动力的大量转移，需要解决农田谁来种、怎么种好、实现小生产与大市场对接的问题，都产生了对农业社会化服务特别是生产性服务的巨大需求，解决普通农户生产干起来不经济或一家一户干不好的生产经营事务十分重要。但现代农业发展到今天，特别是随着农业经营规模的扩张，家庭农场、农民合作社、农业企业等经营主体依靠自身力量解决过去需要依靠专门服务组织承担的服务性作业的能力不断增强,从而改变了农业生产性服务的内涵和外延。比如,当美国家庭农场规模从由几百公顷扩张到几千公顷时,过去需要外包生产性服务组织承担的耕、种、防、收等作业环节,完全可以依靠自身能力解决,特别是成本核算更经济时,这种选择的取向就会更加明显。但是,从我国经济社会发展的阶段性而言,大国小农是我国农业长期存在的基本组织特征,由此决定了农业生产性服务业发展的极端重要性。按照中央要求,2017年农业部会同国家发改委、财政部出台了加快发展农业生产性服务业的指导意见,强调要以服务农业农民为根本,以推动农业供给侧结构性改革为主线,以培育农业生产性服务战略性产业为目标,大力发展多层次多类型的农业生产性服务,推动多种形式适度规模经营发展,带动更多农户进入现代农业发展轨道。农业生产性服务业发展的根本动力来自需求:一是由于工业化城镇化发展,特别是农业劳动力大量转移,催生农业生产性服务业的发展。二是农业作为竞争性产业,通过提供各类服务,促进集中生产产生规模效益,专业化经营形成比较优势,经营权共享提升资源配置效率,呼唤农业生产性服务业发展。三是农业新产业新业态发展,依附对各种信息的获取、新技能的把握,以及市场营销策略功能扩展,要求农业生产性服务业发展。

  国家发展农业生产性服务业的战略性目标是实现两个提升:一是使农业生产性服务业的增加值在农业产业构成中的比重明显提升;二是从事农业生产性服务业的从业人员在第一产业就业构成中比重明显提升。农业生产性服务业的重点领域从近期看要聚焦帮助普通农户和新型农业经营主体提供五个方面的服务：一是农业市场信息服务。围绕农户生产经营决策需要，健全市场信息采集、分析、发布的服务体系，用市场信息引导农户按市场需求调整安排生产经营活动，规避市场风险。帮助农户提升对市场的判断和预期能力。二是农资供应服务。为农民选用种子、购买化肥农药提供服务，特别是提供生产资料的连锁经营、集中配送服务，帮助农民节约生产开支。三是农业技术服务。鼓励各类服务组织开展不同作业环节的技术指导，帮助农户提高生产经营效益，实现绿色发展。四是农机作业服务。这是当前农业生产性服务业的重点。要促进农机作业服务由种植业向其他产业延伸，由田间作业向产前、产后拓展，形成总量适宜、布局合理、经济便捷、专业高效的农机服务新格局。五是农产品营销服务。要帮助农户把产品卖得出去，同时要卖出好价钱。既要重视传统的营销渠道，又要注重运用各种新平台、各种展会、嘉年华，线上线下开辟新的空间格局，实现产销有机衔接。当前农业生产性服务业要特别关注绿色生产技术、废弃物资源化利用、品牌塑造、市场营销方面的服务功能开发和拓展。发展农业生产性服务业，政府行为至关重要。2017年中办国办印发的《关于加快构建政策体系培育新型农业经营主体的意见》提出推动土地经营权流转、解决购机补贴、信贷支持、信息供给、人才培养五个方面创造支持农业生产性服务组织的良好环境。

2018年6月，农业农村部办公厅印发关于认真做好《农业部国家发展改革委财政部关于加快发展农业生产性服务业的指导意见》宣传和贯彻工作的通知，要求从五个方面扎实抓好《意见》的贯彻落实：（1）抓紧制定贯彻实施意见。立足本地土地资源条件、劳动力状况、农业机械化发展水平，确定本地区农业生产性服务业的发展目标、重点拓展的服务领域，培育多元服务主体，探索适宜服务模式，细化支持政策措施，引导农业生产性服务业规范发展。（2）尽快建立协同推进机制。加强部门间的沟通协作，落实职责分工，确保事有人管、责有人负。省级农业农村主管部门要督促县级主管部门推动政策落实。（3）大力发展农业生产托管。要按照《农业部办公厅关于大力推进农业生产托管的指导意见》（农办经2017年19号）精神，深入一线调研，指导基层及时破解推动生产托管工作中的难题。要深入了解当地现代农业建设的短板和农民的需求，结合农业生产托管能力建设项目实施，重点支持粮油棉糖大宗农产品的生产托管，重点支持本地区急需的短板托管环节和服务内容。针对劳动力状况、农户生产需求、主体服务能力，确定本地区优先支持的农业生产托管模式和规模经营程度。（4）加强农业生产性服务业行业监管。要结合相关行业标准、国家标准，研究制定符合当地实际的服务标准和操作规范，加强过程监管；探索制定农业生产托管服务标准合同，确保交易安全；引导服务组织合理确定农业生产托管服务价格，防止价格垄断和价格欺诈；探索建立服务主体名录管理制度，加强服务组织信用动态监测。（5）开展工作督导。通过设立适度规模经营和农业生产性服务能力建设指标，建立科学的政策绩效考核评估机制，切实推动农业生产性服务业工作及时有效开展，对工作不力的予以督促整改。

发展农业生产服务业需要在在两方面去面对我国目前以小农户为主的家庭经营的现实。在制度层面，我国《宪法》第八条规定："农村集体经济组织实行家庭承包经营为基础、统分结合的双层经营体制"。党的十九大报告指出："保持土地承包关系稳定并长久不变,第二轮土地承包到期后再延长30年"。农户承包经营权是宪法赋予的权利。在数量层面,截至2017年底,全国10亩以下、户均耕种面积不足5亩的农户占总农户总量的85.2%左右。当前和今后很长一个时期,小农户家庭经营将是我国农业的主要经营方式。而根据测算,城镇化率即使超过70%的水平,农村仍然有四亿到五亿人口,大部分仍然从事农业或农业关联产业,这是我们农业现代化发展的出发点和必须面对的基本事实。小农农业在发展现代农业中面临着很多困难:一是小农户对接大市场方面的困难。小农户在市场信息、生产资料采购、农产品销售等方面处于弱势,现实中容易出现一哄而起、一哄而散,农业生产出现"波动"后农户损失都很大。二是小农户技术方面的困难,先进生产技术应用不足。现在农业从业人员平均年龄是各行各业中几乎是最大的了,平均文化水平是各行各业相对较低的了。这些从业人员在运用新技术、采用新装备和设施都存在困难。三是小农户资金方面的困难,农业投入能力不足。耕地整治、灌排系统和机耕道路建设,农业生产设备设施购置,小农户难以完成。四是小农户规模经营的困难。而规模经营是农业取得效益的主要方式。五是小农户经营农业的热情减退。农业经营收入在农户收入中占比不断下降,2018年农民人均可支配收入14617元,农业收入3489元,仅占可支配收入的23%。我们也不能通过大幅度提价实现农业增收,粮棉油糖等大宗农产品价格也不能太高了,否则整个社会运行成本会上升。

  利用新型经营主体发展农业生产服务业目前面临两个突出的问题:一是土地流转成本费用过高的问题。近年来土地流转费一直比较高。2016年北方大部分粮食主产区的每亩流转费平均达到 800 元~1200 元左右。据统计，2014 年—2017 年，流转面积增速逐年下降，分别是 18.3%、10.8%、7.2%、6.9%。流程成本的不断上升会导致一些地区退地情况不断发生。二是流转期限不稳定的问题。目前政府在政策上并不鼓励工商资本大规模长期租用农户的土地，同时流转土地还受到土地承包期的限制。在实践中，农业经营收入虽然在农户收入中比重在下降，但农民群众依然十分看重自己的承包权利。通过土地流转发展规模经营，实际上排斥了农户经营。若采取农业生产服务业方式进行运作，不会发生土地经营权流转问题，也不会由于流转带来农业成本增加问题，自然也不存在租期不稳定带来的经营风险。流转费是一种制度成本，可以在避免增加流转费制度成本的情况下，取得农业规模经营的收益。

目前，我国正在积极倡导对接小农户的农业生产托管探索。农业生产托管就是农户在不流转土地经营权的条件下，将一个或几个或全部农业生产环节委托给社会化服务完成的经营方式。从社会化服务组织角度看这是一种服务；而从农户角度看这是生产托管。说的是一回事。2017 年，财政部、农业部设立财政专项，用以支持以农业生产托管为主的社会化服务，当年是 30 个亿元，2018 年增加到 40 个亿元。三部委《关于加快发展农业生产性服务业的指导意见》中，将农业生产托管定位为社会化服务的主推方式。将规模化的农业生产托管定义为服务规模经营的主要形式。在当前，抓农业生产托管，就是抓服务规模经营；抓农业生产托管，就是推动农业生产服务业下地替农民干活，这是这个时代社会化服务组织最重要的任务。截至 2018 年底，全国农业生产托管面积为 13.57 亿亩次，按照综合托管系数计算的托管面积为 3.59 亿亩，比上年增加

8. "农业生产性服务业"贯穿全产业链

50%。其中，耕、种、防、收四环节托管面积分别为4.0亿亩次、3.2亿亩次、2.6亿亩次和3.8亿亩次。在实践中，也出现了一些通过生产托管实现农业生产性服务业落地取得成功的公司。美来众联科技公司通过生产托管方式目前已经在12省服务农田100万亩。金丰公社在山东开展花生玉米生产托管，2018年，金丰公社完成托管服务的农田面积达到550万亩，服务收入达到26亿元。山西寿阳县实现了托管服务全县小农户占比达77.4%，托管服务全县粮食作物面积占比达59.8%。开展农业生产托管是很赚钱的。山东丰信农业为小农户提供小麦和玉米全程技术托管服务，每亩分别增产78公斤、87公斤，增产率分别为11.6%、10.79%，增产效果明显。根据对辽宁、江苏、浙江、山东4省共23个服务组织的39个案例的分析，每年每亩实现减支增收485.3元，户均减支增收2911.8元。总体费用节省20%~40%。费用节省、效益增加的主要原因是生产资料大规模采购导致价格下降、机械费比人工费大幅度降低、作业效率和质量大幅度提高、收获损失减少。需要说明的是，采用"农业服务公司+集体经济组织或合作社+农户"的方式来实现农业生产托管，并不是一个简单的商业关系可以完成，这是一个很复杂的事情，要发挥合作社和集体经济组织在组织农民方面的优势。

至于怎样促进农业生产性服务业的发展问题，三部委《关于加快发展农业生产性服务业的指导意见》中明确要求：（1）坚持市场为导向。充分发挥市场配置资源的决定性作用，推动资源要素向生产性服务业优化配置，促进服务供给与服务需求有效对接。政府着力培育、支持、引导服务组织发展，规范市场行为，为农业生产性服务业有序发展创造良好条件。发展农业生产性服务业，要着眼满足普通农户和新型经营主体的生产经营需要，立足服务农业生产产前、产中、产后全过程，充分发挥公益性服务机构的引领带动作用，重点发展农业经营性服务。要注意政府支持农业生产性服务业的政策不能干扰市场运行机制。（2）坚持服务农业农民的原则。要根据各地农业生产和农户需求，按照补齐现代农业建设短板和农民群众的欢迎程度，确定重点发展的农业生产服务业领域。根据这一原则，在实施农业生产托管补贴项目时，要求将补贴集中在现代农业建设的关键和薄弱短板。（3）坚持创新发展的原则。应针对不同产业、不同环节、不同主体的特点，因地制宜选择适合本行业、本地区的发展方式，实现业态创新、模式创新和服务内容创新。（4）注重服务质量的原则。没有质量标准的监管，就没有市场的良好运行。服务市场监管原则一方面是对生产性服务业提出的要求，同时也是对政府提出的要求。就政府责任而言，就是要加强农业生产性服务行业监管，这是保护小农户利益的重要途径，也是促进农业生产性服务业健康发展的关键。一是加快推进服务标准建设。二是加强服务组织动态监测，支持建立社会化服务组织名录库，推动服务组织信用记录纳入全国信用信息共享平台。三是加强服务价格指导，坚持服务价格由市场确定原则，同时加强价格引导和监督。四是加强服务合同监管，加快制定标准格式合同，规范服务行为，确保服务质量，保障农户利益。

9. 中国的"农业经营方式"既传统又现代

目前，我国农业发展进入了从传统农业向现代农业加快转型的新阶段，培育新型农业经营主体成为新阶段促进农业发展的重要任务。虽然小农户仍是我国农业生产经营的重要主体，但专业大户、家庭农场、农业合作社、农业企业以及农业社会化服务组织等新型农业经营主体发展势头越来越强劲，已经成为推进农业走向现代化的主要力量。

传统小农指的是在自然经济条件下，农民以家庭为基本单位，根据自身需求进行农业生产的小规模自给自足的经营模式。分田到户以来，传统小农基本是户均不过十亩的家庭经营格局。随着市场经济发展，传统小农的经营主体与经营规模发生了改变。在经营主体方面，大量农民进城务工，将老人与妇女留守在村庄，从事着代际分工为基础的半工半耕的家庭生计模式。在经营规模方面，因土地流转与抛荒现象突增，传统小农的经营规模有所扩张，但在耕地分散占有程度较高以及老人和妇女精力有限的情况下，其经营规模一般很小。传统小农仅仅承担着维持家庭生计的基本功能，并不过度的追求剩余价值，因而传统小农既不会雇佣额外劳动力也没有扩大经营规模的需求。在种子、农药、化肥、农业机械等现代生产资料不断普及的情况下,尽管种植给老人和妇女带来的压力正逐渐减小,但仍然存在着难以对接社会化生产和难以适应市场风险的问题。传统小农是一种机械化程度较低、不会额外雇工、精耕细作式的、无法对接市场的自给自足的农业经营模式。党的十九大报告在论述实施乡村振兴战略时提出,发展多种形式适度规模经营,培育新型农业经营主体,健全农业社会化服务体系,实现小农户和现代农业发展有机衔接。在中共中央办公厅、国务院办公厅印发的《关于促进小农户和现代农业发展有机衔接的意见》中,也就扶持小农户、提升小农户发展现代农业能力提出多项政策措施。其实,促进小农户发展,并非是中国人口多的原因。从历史上看,人口对生产方式的选择有很大影响,东亚国家普遍人口密度较大,工业化和城市化之前大都经历过土地改革,但从事农业的人口仍然比较多,不得不面对小农户的问题。稍有不同的是,日本农村空心化现象越来越严重,农村人口迅速减少,农业劳动力严重不足。目前,中国不少农村也面临着劳动力不足的问题,可见农业人口多现在已经不是支撑小农户的主要原因了。从另一个角度来看,独特的地理条件导致了中国农业不能完全实现规模经营,特别是山地和丘陵不适宜大规模机械化作业,无法形成规模经营。这个理由也是站不住脚的。欧美许多国家也有大量山地和丘陵,但并没有因为这些地方不适合大规模机械化而保留小农户。虽然不适宜大规模机械化作业,但可以转型为旅游、畜牧或者其他行业,小农户的经营方式仍可能被公司化的农业经营所代替,山地和丘陵尽管不适合规模化经营,但也不是发展小农户的主要原因。中国小农户之所以存在并发展,很大程度上是因为小农户有其独特优势，在农业现代化过程中可以发挥特殊的作用：（1）小农户属于家庭经营自我雇佣，与农业的生产特点相适应。农作物需要自然生长过程，生产时间长，且农民工作弹性很大，很难进行监管，因而家庭经营将收益和劳动的付出直接联系在一起，几乎不需要进行监管。依靠雇工经营的规模化农业很难达到家庭经营的管理水平。（2）家庭经营可以通过兼业来最大效率利用劳动力。换句话说，在农闲时期，农业劳动力可以外出打工或者从事家庭副业来补充农业收入的不足，特别是那些有手艺的农民，可以充分利用农闲时间，做手艺活增加收入，维持比较好的生活。雇工经营则不同，都要给雇工支付工资，这就大大增加了生产成本。不能充分利用劳动力和管理成本太高是重要的原因。（3）小农户为农业的多样性创造了条件。规模经营的农业往往集中于单一作物的生产，从农业生态学来看，由于作物品种单一很容易诱发病虫害，而大量使用农药又会诱发食品安全问题。而小农户的农业生产自主经营，不同的农户和不同的地块都可以种植不同的作物，也可以饲养不同的牲畜，有利于保持农业生物多样性和生态环境的丰富性。

专业大户指的是围绕某一种农产品从事专业化生产，其种植或养殖规模明显高于传统小农却又小于家庭农场的经营主体。专业大户的经营规模一般在20亩~50亩之间。为了增加产出量，专业大户一般都会种植经济作物或用套种的方式提高复种指数。专业大户因保留了家庭的完整性，因而对村庄治理基本属于正面作用，是一种粗放的经营模式。专业大户涵盖的经营者身份比较宽泛，可以是农民，也可以是其他身份，而且专业经营领域广泛。专业大户对雇工多少没有限制，有的生产过程全部依靠雇工。专业大户主要从事某一行业的专业经营。"大户"通俗的讲是指有技术、会经营，能勤劳致富的人家。但是与农业挂钩的大户已经超出了"人家"这个范围，其农业经营形式更加广泛，有从事种植、养殖、加工、销售的农业经营大户；有通过"四荒"开发形成主导产业，并进行综合经营的"四荒"治理大户；有从事农副产品加工和农产品运销为主的运销大户。对大户进行辨别要看它是否具有示范、组织和带动能力。通常会要求大户自筹资金的能力较强；产业选定和产品定位符合市场需求，销售渠道较稳定；有适度的规模经营；生产过程中采用新的生产经营方式、生产产品的科技含量较高，竞争力强。专业大户在要求大的同时必须要求专。专业大户主要是指以农业某一产业的专业化生产为主，初步实现规模经营的农户。专业大户根据"专业"的不同可以分为五种类型：一是以种植为"专业"的专业种植大户，包括种粮大户、种草大户、种果大户、特色种植大户、苗木大户等；二是以养殖为"专业"的专业养殖大户，包括奶牛大户、养羊大户、养猪大户、养鸡大户、养鸭大户、养鹅大户等；三是以种加养为"专业"的专业种养大户，主要是前两种类型的综合；四是以农产品运销为"专业"的专业运销大户，其主要从事农产品的运输和销售经营；五是以农产品加工为"专业"的专业加工大户，其主要是指对农产品进行加工处理的大户。

专业大户原则上要具备三个条件：一是属于家庭经营性质；二是专业突出，其产值应占家庭经营总量的70%以上；三是要有相当的规模，年经营专业产品要消耗两个劳动力以上，户均经济容量要超过当地平均水平1倍以上。理论上讲，专业大户与家庭农场都属于家庭经营性质，经济实力、融资能力以及采用先进科技的能力都比较强,都具有现代农业特性。两者的共同特征主要有:(1)两者都是以家庭承包经营为基础,在生产经营过程中基本上都是以家庭为基本单位进行土地流转和生产操作。(2)两者都是适度规模经营,都需要达到规模经营的认定标准才会被认定为专业大户或家庭农场。以种植粮食为例,专业大户的种植面积一般要达到50亩~100亩,而家庭农场则要达到100亩~300亩。(3)两者都有自己的主导产业或专业产业而不具有从事综合经营的特征。但从农业经营方式看,专业大户和家庭农场是有很大区别的。专业大户更多的是围绕某一种农产品从事专业化生产,在规模明显大于普通农户;家庭农场一般都是独立的农业法人,土地经营规模较大,土地承包关系稳定,生产集约化、农产品商品化和经营管理水平较高。具体来讲:(1)家庭农场必须到工商管理部门进行登记注册,以此获得合法的市场主体地位,而且家庭成员是家庭农场的法人代表;而专业大户的身份则没有明确的界定,且无需到工商管理部门注册。(2)家庭农场不管是自有土地还是流转过来的土地,一般都进行过确权登记或者与流转者签订土地经营权合同,也就是说经过家庭农场注册过的土地其产权更加明晰。而专业大户的产权问题就相对模糊,有的与土地流转者签订流转合同,有的则只是口头协议,因而专业大户在生产经营过程中更容易因土地权属不清出现大户与流转者之间的矛盾。(3)家庭农场在农业生产过程中主要以家庭成员为主要劳动力,雇工数量相对较少;而专业大户则以雇工为主要劳动力,家庭成员参与生产的相对较少。专业大户可以根据自己的实际生产经营状况选择雇佣合适的劳动力,而自己主要从事经营管理工作,而家庭农场的家庭成员要自己参与生产过程，还要自己从事农场的经营管理工作。（4）由于家庭农场主要以家庭成员作为劳动力，因而在雇工数量较少的情况下自然对机械化水平的要求相对较高，家庭成员对各种机械熟练掌握的程度也高。而专业大户主要通过雇工进行生产活动，在雇工能够完成的情况下很少考虑提升机械化水平问题。（5）专业大户大多只是在某个环节从事经营管理，而家庭农场则在多个环节进行经营，其经营管理的项目相对较多，其综合经营管理水平要求更高。

专业大户在其发展过程中目前受到了不少制约因素的左右：（1）专业大户虽有一定的经营规模，但比起农业企业或者强大的合作组织，其实力还是差很多，话语权较弱，产品价格容易受其他组织的左右和排挤。农业生产受自然因素的影响大，旱灾、水灾、风灾、雹灾极容易导致收成的锐减，从而导致还贷资金链的断裂。若投保的保额相对较少，则无形中又会放大这种风险的破坏作用。（2）近年来，随着合作社和家庭农场的不断发展，土地的规模经营越来越大，土地流转资源越来越少，农民不愿意出售生活"保障"资源，促使其作为重要生产资料的价格会越来越高。在其非农收入稳定的情况下，他们更不愿意以低价格将土地流转到市场中。专业大户的生产成本呈现逐步增高的趋势。另一方面，越来越多的年轻人开始脱离农业，选择进城务工或者做生意，而留守在农村的劳动力越来越少，雇工的价格要求水涨船高。专业大户不得不通过区域合作，从别的区域调集雇工，成本增加厉害。（3）农业生产基础配套设施跟不上规模农业的要求，专业大户自身资金能力有限；而且农业回报周期长，回报率低，授信担保困难，专业大户很难从银行获得贷款资金支持。

怎样来解决专业大户发展过程中的问题：（1）积极探索完善"股份+合作"的流转路子和"底金+分红+劳务收入"的分配模式，密切大户和农民的利益联结关系。（2）政府在出台政策时要对专业大户给予适当扶持，尤其在向与专业大户平级的家庭农场转移时，要综合考虑专业大户对政策的需求过程。（3）各级政府通过三方面来完善政策，促进专业大户做强、做大。一是推动各级政府对专业大户的发展要制定符合本区域的扶持政策，推动专业大户的快速发展；二是扶持各级政府通过完善贷款担保、抵押办法，帮助专业大户解决融资困难，优化其发展的软环境，确保专业大户发展快、效益好；三是各级政府充分发挥各部门职能作用，指导专业大户做好产业规划，将重点项目、扶持资金向其倾斜，增加基础设施建设，并做好产前、产中、产后服务，帮助解决发展中的难题。（4）培养一批"有学历、有技能、懂管理、善经营"的高素质专业大户，带领广大农民走上科技兴农的道路。应摆脱狭隘的地域观念，多到农业发达或者专业大户发展较好的国家和地区学习先进的做法；必须走进校园，充实提升自己的专业知识水准；必须清楚自己是否已经具备了发展成为家庭农场和合作社的条件，为其进一步做大、做强做好准备。

家庭农场指的是以家庭成员作为主要劳动力，从事农业商品化、规模化、集约化的生产经营活动，并以农业收入作为家庭主要收入来源的新型农业经营主体。尽管目前还没有明确界定家庭农场的经营规模，但从实践数据来看，家庭农场的土地流转面积一般在50亩~500亩之间。除自身承包地以外，家庭农场还流转买入了大量土地，并要求土地集中连片以方便田间管理与农业机械的使用。家庭农场会与村委会和农户签订正式的土地流转协议，流转周期一般是在 5 年～10 年，并在协议到期后享有优先流转权。家庭农场的法人目前都会在前期投入大量资本来改善农田耕作条件并购买农用机械。调查数据显示，平均的土地流转租金约是 700 元～1000 元/亩，但一般家庭农场只能承担 50 亩～200 亩的投入成本，因而有着较为强烈的借贷需求。在中国，家庭农场类似于种养大户的升级版，是以家庭成员为主要劳动力，从事农业规模化、集约化、商品化生产经营，并以农业收入为家庭主要收入来源的新型农业经营主体。2008 年的党的十七届三中全会报告第一次将家庭农场作为农业规模经营主体之一提出。随后，2013 年中央一号文件中再次提到鼓励和支持承包土地向专业大户、家庭农场、农民合作社流转，发展多种形式的适度规模经营。在中国，家庭农场的出现推动了农业商品化的进程，有效的缩小城乡贫富差距。家庭农场以追求效益最大化为目标，使农业由保障功能向盈利功能转变，能够为社会提供数量更多、品种更丰富、商品化程度更高的农产品。而且家庭农场比一般的农户更注重农产品质量安全，更易于政府监管。

农民专业合作社是同类农产品的生产经营者或同类农业生产经营服务的提供者、利用者，自愿联合、民主管理的互助性经济组织。农民专业合作社以其社员为主要服务对象，提供农业生产资料的购买，农产品的销售、加工、运输、贮藏以及与农业生产经营有关的技术、信息等服务。从实践来看，存在着农业生产资料供应合作社、农牧业生产合作社、农业金融信贷保险合作社以及农产品加工销售合作社等多种类型的农民专业合作社。截至 2017 年 9 月，我国共有依法登记的农民专业合作社 193.3 万家，社员超过 1 亿户，占农户总数的 36.2%，其中服务业约占 18.6%，养殖业约占 27.7%，种植业约占 45.9%。农民专业合作社能够充分发挥其带动散户、组织大户、对接企业、链接市场方面的优势，通过资金及其技术方面的投入，提高农业生产经营的组织程度与集约水平。农民专业合作社是以农村家庭承包经营为基础，通过提供农产品的销售、加工、运输、贮藏以及与农业生产经营有关的技术、信息等服务来实现成员互助目的的组织，从成立开始就具有经济互助性。拥有一定组织架构，成员享有一定权利，同时负有一定责任。我国在《中华人民共和国农民专业合作社法》的第一章总则第二条对农民专业合作社进行了简要定义：农民专业合作社是在农村家庭承包经营基础上，同类农产品的生产经营者或者同类农业生产经营服务的提供者、利用者，自愿联合、民主管理的互助性经济组织；农民专业合作社以其成员为主要服务对象，提供农业生产资料的购买，农产品的销售、加工、运输、贮藏以及与农业生产经营有关的技术、信息等服务。自愿、自治和民治管理是合作社制度最基本的特征。合作社作为一种独特的经济组织形式，其内部制度与公司型企业相比有着本质区别。在合作社内部，起决定作用的是成员在合作社中的"交易"。合作社的主要功能是为社员提供交易上所需的服务。合作社与社员的交易不以盈利为目的。合作社的盈余，除了小部分留作公共积累外，大部分要根据社员与合作社发生的交易额的多少进行分配。实行按股分红与按交易额分红相结合，以按交易额分红为主，是合作社分配制度的基本特征。当然，合作社与其他经济主体的交易也会也是以营利为目的。农民专业合作社基本特征是：（1）合作社在组织结构上以农民作为经济主体，主要由进行同类农产品生产及其销售的公民、企业、事业单位联合而成,农民至少占成员总数的80%。(2)在不改变家庭承包经营的基础上,实行劳动和资本联合的所有制结构。(3)合作社对内部成员不以盈利为目的并会将利润返还给成员。(4)合作社实行入社自愿,退社自由,民主选举,民主决策的经营管理体制。

农民专业合作社的成立条件是:(1)有五名以上符合规定的成员,即具有民事行为能力的公民,以及从事与农民专业合作社业务直接有关的生产经营活动的企业、事业单位或者社会团体,能够利用农民专业合作社提供的服务,承认并遵守农民专业合作社章程,履行章程规定的入社手续的,可以成为农民专业合作社的成员。但是,具有管理公共事务职能的单位不得加入农民专业合作社。应当置备成员名册,并报登记机关。农民专业合作社的成员中,农民至少应当占成员总数的80%。成员总数20人以下的,可以有一个企业、事业单位或者社会团体成员;成员总数超过20人的,企业、事业单位和社会团体成员不得超过成员总数的5%。(2)有符合规定的章程。(3)有符合规定的组织机构。(4)有符合法律、行政法规规定的名称和章程确定的住所。(5)有符合章程规定的成员出资。

农业企业指的是通过合同或订单的方式与农户建立起利益关联纽带,对农产品的加工、处理、运输、销售等过程,实现分散农户的产供销和农工贸一体的新型农业经营主体。农业企业主要从事种植业、畜牧业、水产养殖业等一体化经营,或是一体化经营中的某些中间环节,并通过科学的经营管理方式、先进的生产技术以及雄厚的经济实力,为分散农户提供产前、产中、产后的各类生产性服务。农业企业在流转土地时往往要求土地集中连片,这样不仅可以提高农业机械的使用效率,更能减少相应的管理成本。农业企业一般都有着强烈的借贷诉求。同时，由于经营规模较大、生产周期和投资链条较长，农业企业往往采用粗放管理，因而具有一定的不稳定性。总的来说，农业企业仍然是一种机械化程度较高、雇工较多、管理较为规范、容易对接市场、以营利为目的，具有明晰的资本收益率的新型农业经营主体。农业企业有广义与狭义之分。前者包括从事农作物栽培业、林业、畜牧业、渔业和副业生产经营活动的企业；后者仅指从事作物种植或者作物栽培的企业。现阶段农业企业主要是国营农场和集体所有制农业。目前国营农场具有多种经济形式。在其内部，依据因地制宜、自愿互利的原则，实行国营、集体经营，或家庭、职工个人经营，或联合经营。中国的农业企业在1949年以前为数很少。中华人民共和国成立以后才迅速发展起来。1979年以后，随着改革、开放和农村商品经济的发展，农业企业出现了多种形式。若按所有制性质不同分，主要有国有农业企业、集体所有制农业企业、股份制农业企业、联营农业企业、私营农业企业。若按按经营内容不同分，主要有农作物种植企业、林业企业、畜牧业企业、副业企业、渔业企业、生产、加工、销售紧密结合的联合企业。农业企业一般具有如下基本特征：（1）管理对象商品化。农业的商品化把广大农业生产者直接推向市场，促使他们必须按市场的需求来调整农产品结构，讲究生产经营之道，改进农业生产技术，实现农产品的商品化并获得收益。高度的商品化既是农业现代化的起点，也是实现农业现代化管理的重要途径。（2）生产经营主体自主经营、独立核算，以盈利为根本目的。生产经营主体内部实行企业化管理，遵循价值规律，采用经济手段通过市场进行调控。（3）农业企业扩大了农前、农中、农后各产业部门的分工，从而促进了部门之间的专业协作，实现生产要素的合理配置，进一步降低生产成本，大大提升了生产效率。（4）随着农业生产力的发展，农业同相关产业部门相互结合，彼此依存日益密切，从而出现了供产销或农工商经营的联合体。形成以农业为核心并与有关的经济部门密切结合的、产供销统一经营的有机经济系统。

值得注意的是，新型经营主体在其发展过程中呈现出了以下一些特征：（1）新型经营主体的发展扩大了农民的增收规模。农民承包土地流转出去既可以获得稳定的流转租金，又可以让土地被流转的农民在新型经营主体中通过务工获得稳定的收入。（2）"大户经济"在农业经济发展中地位逐渐凸显。许多经营大户实现了生产、加工、销售一条龙经营模式，延长了产业链条，提高了农产品的经济附加值。（3）经营主体之间更加谋求相互合作。普通农户、专业大户、家庭农场、农民合作社和农业企业等经营主体相互融合。不但有"农业公司＋合作社＋农户"的联合经营主体，甚至还有在农业企业和家庭农场融合的基础上再成立的专业合作社并以此来拓展发展空间。（4）新型经营主体对农业社会化服务需求越来越强。特别是农机、农技服务在内容、项目、深度上直接影响到经济效益的提升。（5）家庭农场、农民合作社、农业企业之间的联结关系越来越紧密，逐步营利模式。需要说明的是，互联网平台给农业新型经营主体全产业链发展带来了新的机遇。互联网信息集成的强大功能为农业新型经营主体全产业链的规模运作创造了条件。收获及其田间搬运工作由农户承担；产品包装及其向集散企业运输由代理公司负责；从集散企业派货到消费者收货由物流企业负责；互联网平台则集成全部信息，将全产业

9. 中国的"农业经营方式"既传统又现代

链上各种生产消费主体的功能定位记录到每一项电子货单上。从另一角度来看，新型经营主体产业链规模发展给消费者保障提供了可能性。货品质量在源头得到监控以后，在规模经营之下的退货率引起的成本要小得多。恶意反复退货的信息非常容易捕捉，企业可以实行阳光退货及其退款。而从长远来看，新型经营主体产业链规模经营会推动农业产业支撑的城镇崛起。目前我国食品产业链的总值大约是食品原料总值的4倍左右。粗略估计我国农业产业链上5万亿元左右的经济总量可以支撑小城镇发展，加上产业关联的乘数作用，保守估计可以有15万亿元左右的经济总量能支撑2.5万人规模的城镇达1万个左右。

特别强调的是，以传统小农户为主的家庭经营仍是中国农业经营的主要形式，也是中国农业发展必须长期面对的现实。中国建设现代农业的前进方向是发展多种形式适度规模经营，培育新型农业经营主体。但在农业现代化进程中，一定要处理好培育新型农业经营主体和扶持小农户的关系，让国家的农村政策阳光雨露惠及广大小农户。根据第三次农业普查数据，全国小农户数量占到农业经营主体98%以上，小农户从业人员占农业从业人员90%，小农户经营耕地面积占总耕地面积的70%。中国现在的农户有2.3亿户，户均经营规模7.8亩，经营耕地10亩以下的农户有2.1亿户。而在一些西南地区的丘陵山区，不但户均经营规模小，地块也特别零散。搞现代农业，不能让小农户掉队，要防止搞强制的土地流转，防止将土地等生产资料集中到少数人的手中，对广大小农户实行硬挤出，这样会影响到小农户的就业和生计，更要防止大量农民变成既没有办法转移就业又无地可种的无业农村。农业经营方式必须是坚持宜大则大，宜小则小，不搞一刀切及其强迫命令。从小农户、专业大户、家庭农场、农民合作社直至农业企业，它们同时共存，又存在着内在的演变路径。无论是小农户、专业大户还是家庭农场，都是以一家之力与市场抗衡，合作社的出现则使得农户走向联合，土地大规模向合作社流转，技术、人才、经验、机械各种资源在合作社汇聚，农户通过合作社取得了更大的市场话语权，生产效益得到提升。而农业企业通过延长产业链，发展加工产品及其资本的投入，恰好克服了合作社启动资金缺乏的问题。五个农业经营主体之间长期共存，优势互补，各自都无法相互取代。

10. "农业生产托管"是一种稳定农业生产的新思路

农业生产托管是指农户在不流转土地经营权的条件下,将农业生产中的耕作、种植、防虫、收获的全部或部分作业委托给农业生产性服务组织完成的一种新型农业经营方式。农业生产托管贯穿于农业生产作业链条,直接或协助完成农业的产前、产中、产后各环节作业的社会化服务经营模式,是农业生产性服务业直接服务农户最具时代特征的方式,是农业生产性服务业联接小农户的有效机制,是目前服务规模经营的主要形式。需要说明的是,农业生产托管并不流转土地的经营权,而是将农作物种植的全部或者部分作业委托给相关的农业经营组织。农业生产托管服务的现实意义重大,它的出现解决了农村青壮劳力外出打工家里土地撂荒的问题,保证了我国的粮食安全,使农村外出务工的青壮年更有底气。其实,托管主体本身也是盈利的,而且盈利的方式有许多。托管主体可以通过整合相关生产资源、采用现代农业生产管理技术来提高生产效率,降低生产成本,获取规模效益;同时也能够借助资源优势进行大宗商品议价,赚取购销差价,或者减少流通环节来增加收益;托管主体还可以通过提供机械作业、农业技术管理方面的服务，赚取服务费用。农业生产托管对于小农户及其托管主体来说是双赢的。国家非常重视土地托管为代表的农业生产托管服务的发展，2017年9月，原农业部、国家发展改革委、财政部三部门联合下发了《关于加快发展农业生产性服务业的指导意见》文件，对大力推进农业生产托管提出了明确的要求。农业生产托管在我国一些地方已经有了显著的成绩。河南省采用这种托管形式的农田面积已经达到2500万亩。山东、河南两省的调研数据显示，农田集中连片托管后，可增加有效种植面积13%~15%，每亩年均增产粮食约100斤~150斤左右，每亩节支增收200元左右，增产增收效果十分明显。相对于其他经营模式，农业托管在保护农民权益、保障国家粮食安全、促进农村发展方面更具不可替代的位置。

到2035年，我国农业要基本实现现代化。未来20年我国农业现代化的重要任务是实现小农户生产经营现代化。加快发展农业生产性服务业，大力推进农业生产托管，是解决这一问题的重要路径。从国际经验看，以日韩为代表的东亚小农经营模式能够兼容现代农业发展，但其前提是建立起有效的资本、技术和管理等现代要素与小农户的联接机制。在日本和韩国，这个联接机制主要由农协系统承担。现代农业是一个社会化大生产过程，即使是以法德为代表的欧洲中等规模农场经营模式和以美国为代表的大规模农场经营模式，都离不开农业社会化服务的有力支撑。我国小农户发展现代农业必须解决以下两个方面的问题：一是小农户如何积极对接社会化大生产；二是小农户如何积极对接资本、技术和管理等现代要素。改革开放近40年来，一个主要的改变就是我国农业正从人力畜力为主时代向以机械化和互联网为主时代的转变。随着社会发展，农民

10. "农业生产托管"是一种稳定农业生产的新思路

从事辛苦的人力作业的意愿大大减退。实践中,适应这种改变主要有两种做法:一种是在"三权"分置条件下,将耕地承包经营权流转到合作社、家庭农场、农业企业等新型经营主体手中。好处是实现社会化大生产,农民可以从农业经营中脱出身来,分享固定收益,不承担农业经营风险;不足之处是流转费客观上增加了发展现代农业的成本。另一种模式是农业生产托管,在不流转土地经营权的情况下,将农业生产中的耕、种、防、收等全部或部分作业委托给服务组织完成的一种经营方式。山东省的"土地托管"、湖北省的"代耕代种"、江苏省的"联耕联种"、四川省的"农业共营制",都属于农业生产托管的不同运作模式,它们都是由社会化服务组织完成主要或重点作业。截止到2016年底,全国以综合托管系数计算的托管面积为2.32亿亩。托管模式的好处是小农户依然保持了家庭经营的主体位置,自负盈亏、自担风险;社会化服务组织则从托管服务中收取费用,不需要支付流转费,同时通过社会化服务实现了资本、技术和管理等现代要素对传统农业的改造及其支撑。

农业生产托管的兴起有着深刻的经济原因和社会原因。近些年来,由于农业劳动力短缺、老龄化问题严重和劳动力价格不断上涨,农户以自有劳力畜力和简易作业机械为主在承包耕地上自主完成农业作业的生产经营方式,已经不如委托给机械化、科学化和规模化程度高得多的社会化服务组织来完成更加合算和有效率。湖北天门市华丰农业专业合作社调查数据显示,2016年耕、种、收三项主要作业费用情况是:农户自己耕一亩折合费用80元,而托管费用只有50元;自己插秧一亩折合费用250元,而托管费用只有120元;农户自己收割一亩折合费用 80 元,而托管费用一亩只需 50 元,综合费用开支差异达到 46%。根据平原农区调研数据显示,农户自己耕种与托管给社会化服务组织作业总体费用会节省 20%~40% 之间。费用节省的主要原因是生产资料大规模采购导致价格下降、机械费比人工费大幅度降低、作业效率和质量大幅度提高、收获损失减少。同时,农村劳动力老龄化问题普遍严重,是农业生产托管兴起的一个重要社会原因。

就目前来看,在我国推行农业生产托管至少有以下几个方面的好处:(1)有利于引领传统小农户参与农业现代化进程。随着农村青壮年劳动力大量外出务工,农业劳动力呈现出老龄、兼业、短缺的趋势。发展农业生产托管,通过服务组织的专业化服务将先进适用的品种、技术、装备等要素导入农业生产,切实解决了当前小农户经济经营方式粗放、生产效率低下的问题。(2)有利于促进服务规模的扩展。开展农业生产托管,通过服务组织提供专业、规模的服务,在不流转土地经营权的前提下找到了适度发展规模经营的新路子,满足了部分小农户保留家庭经营的愿望,同时让小农户分享到规模经营的收益。(3)能够适应传统小农户的多样需求。小农户可以根据自身的兼业状况,身体强弱、农技水平及其对农活的整体安排,统筹后将全部农活托管给服务组织,或者将部分农活托管给服务组织,灵活方便。(4)有利于维护家庭经营的基础地位。采取托管方式,即使是全程托管,种什么种多少仍由农户自己说了算,依然属于家庭经营。如果采取流转方式,农户则在一定程度上放弃了家庭经营。从历史经验看,农民离开土地的过程是一个渐进的过程,甚至是一个反复的过程。家庭经营是包容消化这个过程中发生的成本和风险的重要制度,而农业

10. "农业生产托管"是一种稳定农业生产的新思路

生产托管是实现这一包容能力的重要方式。在托管条件下,农民与农业生产的联系既可以很紧密也可以很松散,但都不会影响到我国农业现代化的进程。(5)有利于发展壮大农村集体经济组织。为家庭经营提供社会化服务、开展统一经营一直是农村集体经济组织的重要功能。依托集体经济组织,联系社会化服务组织为农户提供生产托管服务,既服务了家庭经营,又做大做强了农村集体经济。(6)能够降低规模农业的经营成本和经营风险。开展托管服务,服务组织可以集中采购农业生产资料,可以采用机械装备作业,可以采用新品种及其新标准来提高农产品产量和品质,实现节本增效。通过托管服务集中规模经营不用支付流转费用,开展托管的主体没有流转费用支付损失的几率。从社会角度来看,小农模式能够最大限度使经营风险得到分摊稀释。应该讲,没有农业生产性服务业的充分发展,就没有农业生产托管广泛开展;同时,没有农业生产托管这种服务农户和农业的好形式,农业生产性服务业的发展就缺乏强大推动力。2017年8月,农业部、国家发改委、财政部三部委联合下发了《关于加快发展农业生产性服务业的指导意见》文件,要求充分认识发展农业生产托管的重要性,并将其作为带动小农户建设现代农业的有效举措,同时作为推进农村创业创新的重要领域,摆上工作日程。同时加大政策支持力度。在推进农业生产托管方面,要根据本地区情况,因地制宜确定当地重点支持开展托管的环节、模式等。要重点支持粮棉油糖等大宗农产品生产托管;要按照补齐现代农业建设短板的要求以及农民群众的欢迎程度,确定本地区重点支持的托管环节和服务内容;要依据当地农户的生产需求、服务组织的服务能力,确定在本地区重点支持的托管模式。要加强行业引导,推进服务标准建设,鼓励有关部门、单位和农业生产托管服务组织研究制定符合当地实际的服务标准或服务规范,农业生产托管服务价格由供需双方按照市场原则协商确定,但要加强对服务价格的指导和监督,保障农户根本利益。

2014年11月20日,中共中央办公厅和国务院办公厅出台《关于引导农村土地经营权有序流转发展农业适度规模经营的意见》的文件中强调,积极推广农业生产托管以实现规模化生产,大力支持多种农业服务组织,推动供销社与经营主体对接,提高社会农业规模化服务水平,这是农业生产托管第一次被写入中央文件。2015年3月23日,中共中央和国务院出台《关于深化供销合作社综合改革的决定》文件,推动合作社、供销社等经营主体充分发挥自身原有职能并发掘农业社会化生产服务功能,积极探索服务规模经营达到规模效益。2015年12月31日,中共中央和国务院出台《关于落实发展新理念加快农业现代化实现全面小康目标的若干意见》以及2017年中央一号文件分别强调了积极培育多种新型农业经营主体以支持多种类型的新型农业服务主体开展专业规模服务,支持多种系统发挥自身职能,推动农业现代化进程。我国现阶段实践中的主要农业托管服务模式主要有:(1)土地托管。土地托管是指在保证农户对土地的承包权、经营权和收益权的前提下,农户把自己的土地委托给供销社或农民合作社,由该组织代替农户去进行管理、进行农产品生产,农产品的收成依然归属农户,农户只需支付托管费用。土地托管在我国很普遍。(2)代耕代种。代耕代种一般都是由农户将耕种农活交给代耕户操作,至于种什么干什么由原农户决定。近年来我国不少农村地区大量劳力外出务工,每年农忙季节就会有有大批

10. "农业生产托管"是一种稳定农业生产的新思路

农民工返乡农作,奔波劳累不说,还减少了工资收入的稳定,有的人还失去他们原有的工作或市场。于是外出务工的耕地承包者,在农忙季节聘请其他农户代为耕种劳作并支付报酬。代耕种的这些农户称作代耕户。后来,一些农民看到其中的重大商机,通过独办、联办或股份制的方式购买农机具组建农机代耕队,走村串户承揽代耕代种业务。代耕队会保质保量完成耕作并根据农活的轻重合理收费。(3)劳务托管模式。劳务托管模式又称菜单式半托管,是指农户与托管服务主体达成劳动服务协议,服务主体承包播种、育种、育秧、整田、栽秧、插秧、施肥、打药、收割等种植过程所需劳动作业的主要环节;种植户自身承担劳动服务费、种子、农药、肥料等费用,农业收获归农户所有。(4)订单托管模式。订单托管是农户将农业生产过程中某个时段的劳务项目委托给托管方,托管方按劳务项目获得报酬。(5)联耕联种。联耕联种是在村两委会引领和农业部门的服务下,采取"农户+农户+合作社"的新型农民合作经营模式,是在持续稳定家庭联产承包经营的基础上,按照农户自愿的原则,由村组统一组织,以打桩等形式确定界址,破除田埂,将碎片化的农地集中起来,实现有组织的连片种植,再由服务组织提供专业化服务,推进农业生产上联耕联种、联管联营的生产经营方式。(6)农业共营制。农业共营制的基本构架是"土地股份合作社+农业职业经理人+农业综合服务",这种服务模式需要引导农户以土地承包经营权折资入股,并通过工商注册成立土地股份合作社。合作社采取按经营纯收入一定比例形成公积金、农业职业经理人佣金、社员入股分红,同时辅以超产分成或二次分红方式,保障入社社员收益增长。

"服务"和"托管"是一个问题的两个面,从服务组织角度看,是"服务",但从农户角度看就是"托管"。农业生产托管本质是农业生产性服务业以现代作业方式对小农户传统作业方式的替代,是一个农业现代化的过程。近些年来这一替代过程有加快发展的态势,其中最主要原因是农业生产托管能够释放出巨大利益空间。我国平原农区调查数据显示,全程农业生产托管总体上较小农户以传统方式自种成本普遍下降20%~40%,有的甚至更多。其中原因,一是规模化带来的物质成本下降。例如,农资由分散采购改为集中采购后,价格下降15%~30%甚至更多。二是作业质量提高后带来产量增加、质量提高和损失减少。病虫害防控规模化导致用药减少、成本下降、防控质量提高。三是机械广泛采用对人工的替代带来成本大幅度下降。河北省滦县百信种植专业合作社开展玉米全程托管的成本收益数据显示,合作社开展全程托管较小农户自己耕种成本平均下降38.4%,合作社会从服务中获得64元/亩的纯收益,小农户接受全程托管较自己耕作纯收益增加216元/亩以上。河南省商水县天华种植专业合作社开展小麦全程托管的成本收益数据显示,合作社开展全程托管较小农户自己耕种成本平均下降23.5%,合作社会从服务中获得71元/亩的纯收益,农户接受全程托管较自己耕作纯收益增加41元/亩以上。目前,农业生产托管发展迅猛。截至2016年底,全国以综合托管系数计算的托管服务面积达到2.32亿亩。还有相关数据显示,农业生产托管还能减轻农业资源环境压力、控制农业排放,有利于推进农业绿色增长。调查数据还显示,提供生产托管服务主要是依托集体经济组织力量开展。根据2016年统计,在22.7万个从事托管的服务组织中,村集体经济组织为6.1万个，占27%。集体经济组织从事生产性服务有两种方式：一种是村集体购置机械设备并采用成本加微利方式给农户提供服务；另一种是联系社会服务组织为农户提供服务并收取一定比例的组织工作费用。

推进农业生产托管，要坚持因地制宜原则，根据本地区情况，确立重点支持的托管农产品生产、托管作业、托管模式以及重点支持的服务规模经营形式。（1）重点支持开展托管的农产品生产。粮棉油糖等大宗农产品生产关系国家粮食和其他重要农产品安全，且效益相对较低。发展农业生产托管要把粮棉油糖等大宗农产品生产的托管作为重点支持对象，通过专业、规模服务提升大宗农产品生产效益，提高小农户从事大宗农产品生产的积极性，确保国家粮食和重要农产品的安全。（2）重点支持开展托管的作业。要根据当地农业生产和农户需求，按照补齐现代农业建设短板和农民群众的欢迎程度，确定本地区重点支持的托管环节和服务内容，并形成支持的优先顺序。（3）重点支持的托管模式。在实践中，服务主体和农民群众探索形成了单环节托管、多环节托管、关键环节综合托管和全程托管等多种托管模式。要依据农业劳动力状况、农户的生产需求、服务组织的服务能力等因素，科学确定在本地区重点支持推广的托管模式。其中：单环节托管是指拥有土地经营权的小农户或新型农业经营主体，将农业生产过程中的耕作、种植、防虫害、收获某一个环节的作业以有偿方式委托给具有相应服务能力的农业组织或个人代为完成的一种农业服务方式。多环节托管是指小农户根据需要，向受托方订购耕、种、防、管、收环节中的部分农业生产服务项目，按服务项目交费。受托方可以是农业社会化服务的一级供应商（如综合服务类合作社、农业企业),也可以是服务能力弱一些的二级供应商(如劳务工作队、农机工作队),类似于"按需点菜"。我国农村目前存在着大量想种地但无能力或不愿全程种地的农户,他们还没有完全离开土地,还没有完全离开农村,显现出很强的"惜地"意愿,仍想在农业生产上获得收益。但客观现实导致其无法高效完成农业生产全部作业的情况下,多环节托管可以将先进适用的品种、技术、装备生产经营要素灵活地导入农业,按照小农户需要提供服务,既实现了资源最佳配置,还把众多小农户引入现代农业发展轨道。关键环节综合托管主要是补齐现代农业发展短板的问题。农业生产活动中,小农户基本能够依靠自身拥有的设备和技术来完成绝大部分基础性生产作业,但不少技术含量较高的现代农业生产作业技术可能有不会或者不精的问题。通过开展关键环节综合托管,能够很好地补齐他们在生产中存在的短板,促进农业生产提质增效、转型升级。不少地区的农业生产机械化率很高,耕种收环节能够实现高效作业,但防治环节较差,阻碍农作物产量进一步增长。通过开展统防统治托管服务,能够补齐这一环节的短板,确保农业生产全产业链都能够符合现代农业发展的要求。全程托管是指农业生产的耕、种、防、收等生产作业环节,都交由受托方来完成,土地委托方(农户)向受托方订购耕、种、防、管、收等全套农业生产服务项目,整体交费。委托方在支付一定的托管费用后,在收获后,可以从受托方获得约定的粮食或者相应的折价。受托方一般是农业社会化服务项目较全的组织或个体,主要是农业社会化服务的一级供应商。例如某服务合作社是农业社会化服务的一级供应商,合作社组织农机队、劳务队等二级供应商为委托方服务,这类似于点"套

10. "农业生产托管"是一种稳定农业生产的新思路

餐"。在广大农村,许多年龄过大或是需要外出打工的小农户由于"无力耕种"或"无暇耕种"自己的农田而出现撂荒现象。全程托管的出现可以解放农村青壮劳动力,并使在外打工的兼业农户安心工作,省去了误工费用。二是能够利用机械装备发展农业生产,通过规模经营来降低成本、提高效益,从而使小农户获得更多收益。(4) 重点支持的服务规模经营形式。规模化农业生产托管是服务规模经营的主要形式,耕地集中连片是发展规模化农业生产托管的前提条件。各地的土地资源条件、劳动力转移程度、农业机械化发展水平等情况不同,因而服务规模经营的发展程度也有不同,应重点支持规模效益比较突出、带动农户比较多的服务规模经营。在难以实现大规模集中连片的半山区和半丘陵地区,重点支持相对较大规模的托管服务。

加强行业管理,是促进农业生产托管规范发展的重要举措。各级农村经营管理部门要针对服务标准、服务质量、服务价格、信贷支持多个方面来加强制度建设,强化规范引导。(1) 推进服务标准建设。鼓励各级农村经营管理部门组织有关部门、单位和农业生产托管服务组织,研究制定符合当地实际的服务标准或服务规范,将相关标准或规范及时编成简明操作手册、明白纸或明白卡,加强宣传推广,周知服务主体和广大农户,确保服务标准得到贯彻执行。(2) 加强服务价格指导。服务组织为农户提供的农业生产托管服务价格,由供需双方按照市场机制协商确定。各级农村经营管理部门要积极协调相关职能部门,加强对服务价格的指导和监督,引导服务组织合理确定托管服务价格。要防止个别服务组织形成价格垄断,发生价格欺诈,切实保障农户利益。(3) 加强服务组织动态监测。各级农村经营管理部门要对从事生产托管的各类服务主体的服务情况进行跟踪监测，探索建立服务主体信用评价机制，对服务质量不符合要求、群众不满意的服务组织，要及时予以通报并督促改正。鼓励地方探索建立托管服务主体名录管理制度，建立农村经营管理部门、集体经济组织、农民代表、技术专家等多方参与的服务主体资格审查监督机制，对于纳入名录管理、服务能力强、服务效果好的组织，予以重点扶持。

(4)加强服务合同监管。加强对服务组织与农户签订合同的指导和管理，积极发挥合同监管在规范服务行为、确保服务质量、维护农户利益等方面的作用。各级农村经营管理部门要探索制定农业生产托管服务规范合同，明确合同的标的、期限、价格、付款方式及时间、服务效果评价、违约责任等内容，提高合同的规范化程度。需要强调的是，在互联网时代，农业生产托管需要有信息化服务平台建设，引领本地区托管服务模式的创新。要通过平台建设为县乡镇村提供统一的托管信息服务。通过建立托管服务网，为农户及其涉农部门提供互动平台，使农民、社会人员、企业了解政策法规及其供求资源。同时强化政府在农村土地托管中的监管作用，特别是大宗农业资源托管的监管，使农业生产托管发挥最大效益。托管信息服务平台还可以宣传推广典型经验，吸引更多资源的投入。特别是吸引本地区更多企业、市民、农民、集体和合作组织参与到托管业务中来，争取到更多资源投入。

11. "农产品进口"是一个不容回避的问题

2018年,中国农产品进口数额1371.0亿美元,同比增长8.9%。中国已经成为世界最大的农产品进口国。2018年中央一号文件明确提出要主动扩大国内紧缺农产品进口,拓展多元化进口渠道。中国农业资源相对有限,随着居民饮食结构调整,国内消费者对农产品要求在数量、品质和品种方面更加标准更高且丰富多样,通过农产品进口将缓解农业资源的压力,并较好解决消费者的需求矛盾。从另一角度来观察,随着中国深度融入全球经济,在全球范围内配置农产品资源也是必然趋势,农产品进口在积极满足中国消费者需求的同时,将会更好地推动中国农业供给侧结构性改革。加入WTO后,我国农产品进口总量除了在少数几年有所波动外,几乎每年都在增加。农产品进口占据我国农产品贸易的半壁江山。从农产品进口总量规模来看,2017年,我国农产品进口额达1813.7亿美元,占农产品进出口总额的69.8%且存在着巨大的逆差。我国农产品2014年—2017年已经连续四年逆差,由2014年的950.05亿美元扩大到2017年的1029.6亿美元,逆差态势增加明显。我国农产品进口占进口总额的比例2014年—2017年也是连续四年内持续增加，2017年占9.85%。农产品进口在货物进口中的位置越来越重要。从农产品进口结构来看，农产品中动物产品及制品、粮油产品、园艺产品、水产品及制品四类近几年的进口额平均占农产品总进口额的57%，且粮油产品在四类中所占比例最高。2014年，粮油产品进口额占我国农产品进口的36.7%，虽然2017年又下降至33.2%，但高比例的属性并未改变。近几年，劳动密集型的园艺产品和水产品及制品占我国农产品进口的比例开始增加，从2014年的8.7%，上升到2017年的9.3%。从农产品进口地区分布来看，我国农产品进口地区分散，从几大洲都有进口，而且每个地区的占比相差不是特别大。其中，排名前三的依次是南美洲、北美洲、亚洲。在南美洲，我国主要从巴西、阿根廷、乌拉圭进口；主要有大豆、小麦粮食作物，甘蔗、香蕉、咖啡、橡胶、剑麻、木薯经济作物，肉类、羊毛畜牧产品，海洋捕捞产品。在北美洲，我国主要的从美国进口大豆、小麦、棉花。在亚洲，我国主要的进口地区是东盟十国，主要进口农产品和海产品。我国与这些国家之间的农产品贸易都具有极强的互补性。2017年，我国进口农产品最多的国家为巴西，然后是美国，第三是印度尼西亚。2017年，巴西首次超过美国成为我国的第一大农产品进口来源国。我国进口巴西的农产品从2014年的2155454.8万美元，增加到2017年2409318.9万美元，增加幅度达到11.8%的水平。我国与东盟10国的贸易也在逐渐增加，其中从印度尼西亚、泰国和越南进口增长迅速。印度尼西亚作为其中的代表，成为亚洲中我国最大的进口国。据农业农村部网站消息，2019年上半年，我国农产品进口额718.4亿美元，增长3.5%；贸易逆差350.3亿美元，增长10.6%。

其中，谷物类中的小麦进口176.1万吨，同比减少9.9%；玉米进口311.1万吨，同比增加40.9%；大米进口126.9万吨，同比减少28.7%；大麦进口308.5万吨，同比减少29.9%；高粱进口1.1万吨，同比减少99.7%；木薯（主要是干木薯）进口199.6万吨，减38.8%。棉花、食糖类中的棉花进口123.0万吨，同比增75.0%；进口额23.4亿美元，增74.0%；食糖进口106.9万吨，同比减少22.5%；进口额3.7亿美元，减少30.6%。食用油籽、食用植物油类中的食用油籽进口4127.6万吨，同比减少14.2%，进口额175.5亿美元，减少17.3%；大豆进口3826.6万吨，减少14.7%；油菜籽进口192.4万吨，减少13.1%；食用植物油进口492.0万吨，同比增长37.0%，进口额31.7亿美元，增长17.3%。蔬菜、水果类中的蔬菜进口4.7亿美元，增长16.2%；水果出口24.7亿美元，同比减少21.3%。畜产品、水产品类中的畜产品进口167.4亿美元，同比增长15.2%；水产品进口87.2亿美元，增长29.8%。

我国农产品贸易从2004年起开始出现逆差，且逆差规模逐年不断扩大，在2015年逆差达到顶峰5939.0亿美元。逆差形成的原因包括供需因素、国际竞争力因素、汇率因素和技术贸易壁垒因素。我国在2011年超过美国，成为全球最大的农产品进口国。2018年后，适应消费升级，政府策继续扩大农产品进口。而我国的农产品出口增长表现乏力，虽然出口量一直在增，但是增加幅度很小，2017年出口量784.10亿美元，较2014年增长5.4%，且2017农产品出口量占我国总出口量的3.5%，占比很低。虽然我国农产品逆差属正常现象，但是长期逆差会对我国的贸易赤字及粮食安全产生一定的负面作用。目前，我国的农业产业结构无法满足人们升级的消费需求，我国生产量多的仍然是劳动密集型的园艺产品和水产品。资源密集型的粮油产品由受到国内资源限制，产量相对较低，但随着消费不断升级，人们对于优质食物和食物的多样化要求越来越高，当国内无法满足这一需求的时候，就出现了需求缺口，而这一缺口会通过进口来弥补。近年来，我国的人口红利正慢慢消失，劳动力成本逐渐上升，劳动密集型农产品的生产带来了很大的成本压力，消费者自然转向价低质美的进口农产品。我国重要粮食进口量大，对稻谷和大米、小麦、大豆等谷物的需求量很高，消费者对谷物有刚性需求，且国内资源短缺又生产机械化程度低，导致大量进口。短期内我国国内粮油类产品的状态很难改变，对粮油的需求缺口仅靠国内供给无法弥补。从我国的耕地资源和水资源现状看，耕地面积在逐年减少，水资源分布极不均衡，会影响农作物产量。巴西在未来一段时间将取代美国成为我国第一大农产品进口国。美国一直是我国农产品进口的第一大来源国，占我国农产品进口总额的20%左右。但是从2017年开始，我国从巴西的农产品进口量开始超过从美国的进口量。主要原因是中美贸易摩擦不断。中巴之间的农产品贸易具有极强的互补性。我国农产品进口来自世界上180多个国家和地区。从2017年农产品进口来源地看，位居前十位的进口来源地依次为巴西、美国、澳大利亚、加拿大、新西兰、印度尼西亚、泰国、阿根廷、法国和越南，其合计进口额占农产品进口总额的72.98%；前五位合计进口额占农产品进口总额的56.02%，且高度集中在油料、棉花、谷物粉及谷物类产品进口。2017年，我国油料类产品进口额446.09亿美元，前五位进口来源国巴西、美国、加拿大、阿根廷与乌拉圭进口额合计为 424.45 亿美元，占比 95.15%；棉花进口 93.75% 来自美国、澳大利亚、印度、乌兹别克斯坦和巴西五国；谷物粉进口额前五位进口来源国泰国、越南、荷兰、美国和乌克兰的进口额合计占谷物粉进口总额的 89.50%。谷物进口额前五位进口来源国澳大利亚、美国、越南、泰国和乌克兰的进口额合计占谷物进口的 85.26%。动植物油脂、饮料和酒类、食糖、果蔬、肉蛋奶类在我国产品进口中也是相对集中。2017 年，我国动植物油脂进口中，前五位进口来源国印度尼西亚、马来西亚、加拿大、乌克兰和印度的进口额占比为 79.74%；饮料和酒类产品进口前五位来源国法国、澳大利亚、智利、西班牙和德国的进口额占比为 69.43%；食糖进口前五位来源国巴西、古巴、泰国、韩国和澳大利亚的进口占比为 67.74%；果蔬进口前五位来源国泰国、美国、智利、越南和菲律宾的进口占比为 65.48%；肉蛋奶类产品进口中，前五位进口来源国的进口额新西兰、澳大利亚、美国、德国、西班牙的进口占比 59.96%。预测未来，我国经济持续增长，居民收入水平不断提升。但农产品生产因受环境及技术条件限制，在生产技术难有重大突破的条件下，农产品产量的增加将受到限制，在人口总量增加的压力下，农产品消费扩张与国内资源约束之间的矛盾仍将存在。从另一方面讲，我国居民饮食消费已经开始从高碳水化合物和粗纤维为主的食物结构向高蛋白质含量和高营养食物消费结构转变，人们更加重视农产品的品质、营养及多样。居民饮食消费结构升级将使国内消费者对国外优质、特色农产品的进口需求增长。近年来，我国农用生产资料价格上涨、人工以及土地成本上升，农产品生产成本增长较大。我国绝大多数农产品生产规模小，与国外大规模农场经营和高度机械化作业的资本密集型农业相比，生产成本相对较高。从2013年起，我国主要粮食品种小麦、玉米和水稻的价格开始高于国际市场价格，2015年主要粮食品种的国内价格均超过国际市场约40%。未来一定时期内我国部分农产品价格仍将缺乏竞争优势。自加入WTO以来，农产品市场开放程度不断提高，目前已成为世界上农业市场开放度较高的国家之一。其中25%的农产品税目税率低于10%，关税水平低于WTO部分发达成员及大多数发展中成员。未来随着我国推动建设开放型世界经济和实施新一轮高水平对外开放战略，自由贸易区建设和"一带一路"战略进一步深化，我国经济将进一步开放并深度地融入国际经济体，农产品市场也将进一步开放。

　　大豆是我国进口规模最大的农产品，2018年进口量接近9000万吨，进口额2600亿元，占农产品进口总额的30%左右，主要来自巴西和美国。与国产大豆主要用来加工豆腐、豆浆豆制品不同，进口大豆是用来压榨生产豆油和豆粕。豆油大家都熟悉了，而豆粕其实同样跟我们的关系很密切。它是一种重要的蛋白物质，主要用来加工饲料。我国生猪养殖规模世界第一，对饲料的需求十分庞大，而饲料中的豆粕主要来自进口大豆。因为有了大量大豆进口，才保证了我国养殖业饲料的充分供给，进而保证了我们餐桌上的国产猪肉的充分供给。奶粉是我国第二大进口农产品，2018年进口量约110万吨，进口额约400亿元。不仅包括婴幼儿配方奶粉，还有原料奶粉。原料奶粉主要是用来加工乳制品。虽然原料奶粉的进口量占到了我国奶粉类产品进口总量的70%，但其进口额仅占奶粉产品进口额的30%。新西兰是我国原料奶粉主要进口来源地，荷

11. "农产品进口"是一个不容回避的问题

兰则是我国婴幼儿配方奶粉主要来源国。牛肉是近年来我国进口增长最快的农产品之一，2018年的进口量约100万吨，占我国同期产量的近六分之一。进口牛肉分为冻肉和冷鲜肉两种，超市所售的基本属于冷鲜肉，冻肉主要流向餐饮业和加工业。我国进口牛肉中98%为冻肉，主要来自巴西、乌拉圭和阿根廷，冷鲜肉仅占很小一部分，大多来自澳大利亚。葡萄酒也是我国近年来进口量增长较快的产品，2018年增至多万吨。法国、澳大利亚和智利是我国葡萄酒主要进口来源国，近年来自澳大利亚和智利进口的葡萄酒增长较快，因为这两国与我国签署了自由贸易协定，进口关税大幅下降。棕榈油是由热带作物油棕树的果实压榨而成的一种植物油，被广泛应用于食品加工领域。我国棕榈油基本依靠进口，每年进口量在500万吨左右，其中70%来自印度尼西亚。主要用于煎炸食品，还广泛用于面包、饼干、糖果生产。

我国对农产品实行进口配额制度，也就是进口农产品实行进口限额管理。目前，产品进口配额的管理工作由国家发改委负责。有资格申请配额的实体是最终使用者。配额分配采用先来先领的办法，或根据申请人的历史进口绩效、生产能力或其他商业标准推定。国家发改委在申请日期前一个月在官方媒体公开取得配额的特定资格要求。有关份额规定方面，在第一年，至少需要将保留给国有贸易企业进口配额的10%分配给新的申请者。如果通过国有贸易企业进口的配额量在每年8月15日前未能全部签订合同，配额获得者有权通过任何有外贸经营权的实体进口有关商品。保留给非国有贸易实体的配额部分也采取同样的分配标准，并且在第一年也应将至少10%的配额分配给新的申请者，但对象仅限于那些未享有特殊待遇或专营权的实体，包括合资企业、外商独资企业和民营企业。在任何一年内，若配额获得者未能在9月15日前就全部配额数量签订合同，那么它应该将未利用部分交还给国家发改委，以便重新进行分配给别的申请者。配额再分配的申请时间是9月1日—15日，国家发改委于10月1日重新发放该部分配额。申请配额再分配的特殊资格要求也需要在申请期前一个月公开发布，并且依据先来先领的办法，将当年的剩余配额分配给新的申请者或者那些已经用完全部配额的实体。如果采取的不是先来先领的办法，那么配额获得者在后一年可以获得的配额数量不少于前一年的实际进口量。不管采用何种配额分配方法，如果配额获得者未能用完进口配额，并且未在当年9月15日前将剩余配额量交还给国家发改委，那么将在下一年度按比例削减其配额量。如果配额获得者连续两年未用完配额，但是在规定日期前将剩余配额量交还给了国家发改委，那么其在下一年可以获得的配额将根据上一年的实际配额执行情况确定，并且不允许其参与配额的再分配，除非没有任何其他实体提出新的申请。国家发改委每年9月15日前发布配额申请资格要求，10月15日—30日为申请期。10个工作日内给予答复。每年1月1日前应将全部配额分配完。配额的有效期为日历年度。

需要说明的是，国内农业生产资源利用水平不会因为进口增加而降低。而从现实来看，农产品进口大量增长与国内农业结构性问题同期存在，将国内农业结构性问题完全归结为农产品进口的大量增长与现实明显不符，至少国内耕地租金价格仍然维持在较高水平。国内农业结构性问题主要源于农业支持保护制度的调整滞后，未能适应农产品市场的快速变化，从而造成国内农业生产效率下降与资源浪费，我国每年将近1亿亩的

11. "农产品进口"是一个不容回避的问题

土地资源被计入储备而未发生效率。与此同时，农产品进口随着国内市场需求的激增而快速增长，在此背景下进一步拖累了国内农业支持保护政策的调整，加之与具体产品挂钩的支持保护措施面对产品间的竞争与替代并不能有效发挥作用，导致农产品进口增长越快，农业保护力度越大，矛盾愈加尖锐。从战略角度来看，现行的农业支持保护制度似乎在农业增效、农民增收、农业可持续性等多目标中寻找支点，政策多目标化的结果往往使得政策措施的效果减弱，最终难以实现任何一个目标。

中美贸易战背景下，农产品市场随中美政策快速反应，美国国内大豆、豆粕价格持续下跌，巴西大豆价格快速上涨，如果势态不能得到有效管控，那么不止中国，全球农产品市场将会面临很大挑战。目前中国每年进口美国大豆 3500 万吨左右，贸易战很大程度会直接减少 2000 万吨，2018 年度预计会从美国进口大豆 1500 万吨乃至更少；但下游替代品进口特别是肉类进口会增加，来自南美和欧洲的肉类出口增加会增加美国大豆对相关国家的出口，相当于变相增加 1000 万吨美国大豆出口。大致可以匡算中国对美国大豆加征关税会影响美国大豆出口 1000 万吨，约占美国大豆总产量的 9%，使得美国大豆 2018 年末库存增加到 2000 万吨。长期来看，如果中美双边贸易不能得到长期有效的制度性安排，市场无法获得确定性预期，将会导致包括中国在内农产品进口国采取进一步扩产达到避险目的，相关农产品出口国为了填补美国农产品出口市场也会采取进一步扩产措施，从而导致全球农产品新一轮供给过剩，从而倒逼美国国内农业政策回到过去的高补贴时代。最后全球农业生产贸易格局变化始于中美贸易战，终于全球补贴战。在此场景下，最终对中国农业生产与农产品贸易的影响可能是进口农产品品种更加多元，包括水稻小麦在内的口粮进口会进一步增加，水稻小麦的出口地区可扩展到中南半岛、俄罗斯中亚等一带一路沿线地区，也会间接提高非洲大陆的农业生产规模。2018年7月11日美国政府宣布对从中国进口的2000亿美元商品加征10%的关税。8月2日美国贸易代表声称拟将征税税率由10%提高到25%。作为反制，中方依法对自美进口的约600亿美元产品按照25%、20%%、10%、5%四档不同税率加征关税。第二批对美征税清单商品涉及387项农产品，主要包括生皮、植物油、蔬菜、咖啡、可可制品，基本涵盖了绝大多数第一批未征税的农产品。中方已经实施的第一批征税产品涵盖自美进口的农产品，如大豆、谷物、棉花、猪肉产品。对中方而言，由于进口来源多元、进口市场广泛，对自美进口农产品加征关税的影响非常有限。采取反制措施不会对我国进口食用油和畜禽养殖产业产生较大影响。2018年国内大豆的产需缺口为9000多万吨，需要依靠国际市场补充。美国是世界最大的大豆生产国，产量在1亿吨左右，但其国内消费量有限，一半左右依赖出口国际市场。中国对美采取反制后，为了防止产生联动效应，增加国内食品价格上涨压力，我国一是积极拓展大豆进口来源；二是通过调整饲料配方减少豆粕用量，应用配制新技术降低蛋白类原料需求，并增加其他油籽和粕类进口，弥补豆粕缺口；三是加大其他食用植物油供给力度；四是完善大豆扶持政策，提高国产大豆综合生产能力。美方若不断升级贸易摩擦，其在中国农产品市场份额将受到极大削弱，特别是大豆、棉花和猪肉大宗农产品。大豆是中美农产品贸易最重要的产品。经济合作与发展组织（OECD）7月

11. "农产品进口"是一个不容回避的问题

预计，2018年度全球大豆供需基本平衡，美国大豆产量11779万吨，比上年减产1.5%。2015年—2017年，美出口我国大豆占其出口总量的59%。据此估算，如无贸易摩擦，2018年度美对我国大豆出口量应在3000万吨以上。而自7月6日我国对美大豆加征25%关税后，我国企业已基本不再采购美国大豆。2018年10月份开始，我国对美进口大豆加征关税的影响也将逐步显现，美开始面临大豆价格下跌、出口压力增大、出口周期拉长等压力，给美国豆农带来损失，给美大豆国际贸易和产业发展带来不利影响。自2018年4月上旬我国宣布拟对美大豆加征25%关税后，美大豆期货价格已累计下跌近20%。2018年7月25日，美国总统特朗普会见欧盟委员会主席容克后发表的联合声明称，欧盟同意进口更多的美国大豆。欧盟28国2017年大豆进口量1365万吨。2012年—2016年欧盟自美大豆进口最高只有550万吨。即使未来10年欧盟大豆进口量在1300万吨~1400万吨，根本无法解决本应进入中国市场的几千万吨美国大豆的出路。美国众议院举行的听证会也反映出美国农业各界人士对失去市场份额的担忧。美国大豆、谷物、乳品、肉类、水产品、水果和坚果行业组织在华经营市场多年，才获得如今在中国的市场份额。如果中美经贸摩擦不断升级，美国农产品在中国市场将会面临更高的成本，其市场份额必将受到极大削弱，其他竞争对手将占据美国失去的市场份额。如果其他国家成为中国可靠的供应商，美国将很难重新获得市场。巴西农业部长马吉说：巴西有能力将大豆种植面积翻倍。美国小麦协会2018年3月份给美国贸易代表莱特希泽写的信中讲的：失去的市场份额极难重新夺回！美方7月6日宣布的第一轮加征关税产品（340亿美元）目录中并不包括我国出口农产品，但其 7 月 10 日宣布的第二轮加征关税产品（2000 亿美元）目录中，包括我国绝大多数出口美国的水产品和果蔬产品。在水产品方面，美国是我国第二大水产品出口市场，2017 年我国对美出口水产品分别占我国水产品出口总量的 12.8%、出口总额的 15.2%。水产品是我国输美主要农产品，出口额占我国输美农产品总额的 42%。美 2000 亿美元商品清单涵盖我国全部输美水产品（对虾、金枪鱼、鳟鱼、鲇鱼、比目鱼、罗非鱼、海鲈、鳕鱼、鳗鱼、螃蟹、龙虾、生蚝、扇贝、贻贝等产品及相关制品）。这些产品我国对美出口额较高，对美出口依存度较高，特别是罗非鱼、虾类、蟹类、贝类产品，短期内难以找到其他替代市场，可能受到一定的影响。果蔬产品方面，美国是我国第五大蔬菜出口市场和第三大水果出口市场，2017 年我国蔬菜和水果对美出口额分别为 10.7 亿美元和 7.7 亿美元，分别占我国输美农产品总额 16.4% 和 11.7%，占我国蔬菜、水果出口总额 6.9% 和 10.9%。美加征关税清单有超过 200 种的果蔬产品，涵盖我国对美出口 93% 的蔬菜产品和 99% 的水果产品。预计征税将对相关果农、菜农的收入和就业产生一定影响。当前，我国农业发展的主要矛盾由总量不足转变为结构性矛盾，需要在深化改革和扩大开放中加快推进农业供给侧结构性改革。习近平在博鳌亚洲论坛 2018 年年会上再次向全世界发出了开放合作的强烈信号，农业对外开放符合我国农业发展方向的正确选择。需要强调的是，中美两国农产品贸易规模很小，占中美双边贸易总额的比重也较小。2016 年中美两国的农产品贸易额只有 380.58 亿美元，而当年中美两国的双边贸易额达 5197.16 亿美元。中美两国的农产品贸易中，中国常年处于逆差。中国大

11. "农产品进口"是一个不容回避的问题

量增加从美国进口农产品。

1997年以来,我国三大主粮进口量占世界三大主粮出口比重在3.5%以内。粮食进口市场高度集中的风险并没有缓解。入世前、"过渡期"内、"过渡期"结束这一特点都在延续,但进口市场发生很大改变。分阶段来看,入世前,加拿大、美国是我国重要的小麦进口国,2001年从两国进口的小麦占我国小麦总进口量的92%,两国的重要性在"过渡期"内得以保持。入世"过渡期"后,我国拓展了澳大利亚进口市场,进口澳洲小麦挤占了大约40%原属美国和加拿大市场,占我国进口小麦总量的50%左右。2013年至今,我国从巴西进口大豆超过从美国进口的数量。2015年我国从美国、巴西进口大豆分别占总进口数量的35%、49%,阿根廷市场紧随其后。入世之后,南美洲成为我国最大的大豆进口市场。泰国是我国绝对的第一大大米进口国。入世前,我国100%的进口大米都来自泰国;入世"过渡期"后,具体从2010年开始,我国扩大了从越南的大米进口,2012年—2014年越南取代泰国成为我国最大的大米进口市场。入世前,美国是我国玉米稳定的进口市场。入世后,我国从美国进口所占比重波动非常大,美国是我国第二大玉米进口市场,第一大玉米进口市场是乌克兰,我国进口其玉米占进口总量的81.4%。

虽然中美贸易摩擦至今未结束,但对美国这个竞争对手的农业发展经验进行研究学习非常重要。美国农业生产条件相当优厚。2017年美国农业部的统计数据显示,美国拥有农场205万个,面积3.89亿公顷,平均面积180公顷。2017年农业就业人数285万人,占美国整个就业人口的1.66%。2017年鸡肉产量2161.05万吨,牛肉产量1187.84万吨,猪肉产量

1160.47万吨，产量分别位居全球第一、第二和第三的位置。粮食总产量约占全球总产量的20%，2017年玉米产量3.7096亿吨，大豆产量1.7329亿吨，小麦产量4737万吨，产量分别位居全球第一、第二和第三的位置。美国是世界上最大的农产品出口国。中国是美国农产品第二大出口市场。2017年，美国出口到中国的农产品占美国农产品出口总额的15%。美国出口的大豆有62%销往中国，美国出口的棉花有14%销往中国。根据中国海关的统计，2017年中国自美国进口241.2亿美元的农产品。在全年进口的9552.6万吨大豆中，来自美国的大豆占了34.4%，平均每个美国农民从中国得到1.2万美元的销售收入。美国是中国农产品进口第一大来源国。

美国从五个方面支撑和确保了农业产业的高效运营。第一，政策支持保障。主要办法有：（1）法律法规完善配套。美国政府于1862年通过莫雷尔法案，规定各州利用所拨联邦土地收益至少建设一所赠地大学用于开展农业技术研究推广；1890年和1994年又颁布完善相关法案支持新建赠地大学；1987年，美国出台相关农业试验站法案，支持赠地大学建立农业试验站提高农业技术的适应性；1914年，相关法案要求各赠地大学将农业研究成果通过试验站向农户进行推广；1912年，为加强赠地大学农技推广体系的运行，美国再次出台相关拨款法案，明确要求各州拨款不得低于联邦政府拨款，县郡也要拿出一定比例的配套资金。（2）明确补贴目标。规定农业补助是保障农场主基本收益并维护农业生产安全，主要有直接补贴、反周期补贴、奶制品市场损失补贴、灾难援助、交易援助贷款和贷款缺额补贴、作物与收入保险补贴、出口补贴七种方式。通过补贴既保证了农场主按照优势特色发展产业，又保证了农场主的基本收益。(3) 实行安全负面清单。美国农业对于水产养殖,湖区有严格的控制标准;对于农药使用,有严格的准入制度。同时对于负面清单遵守规定给予一定的补贴,违反规定处罚十分严厉。美国食品安全法律法规基本覆盖了植物产品、动物产品、微生物产品以及食品添加剂的生产、加工及其销售。通过负面清单的顶层设计保证了农业基本生产秩序和农产品质量安全水平。第二,技术研发推广。主要办法有:(1) "三位一体"高效推广。联邦政府和州政府每年对赠地大学拨款,赠地大学负责农业科技研究、农技试验推广站建设,通过培训、会议、报告、信息手段对农民开展农技推广工作。依托赠地大学建立起了农业教育、科研、推广"三位一体"有机结合的产学研推模式,在政府、大学与农民之间建立了有机连接,将最新农业科技以最快速度推广到生产领域。(2) 资金实行渠道保障。一是联邦政府和州县政府拨款,二是公益性基金捐赠,三是私营公司向科研机构提供资助或委托。丰富的资金来源渠道,保证了农业技术研发和推广的工作经费,同时又提高了工作的针对性和有效性。(3) 多途径激励人才。美国不准私下合作取酬,但有合理的收入激励机制。薪资水平高,开展绩效考核,而且成果鼓励转化成收益。激励模式拓宽了推广人员职务晋升和薪酬增长渠道,保证了人员的稳定性。第三,推行农业生产合作。主要办法有:(1) 教育保证素质。较高的教育水平保证了农民有较好的技术接受水平,确保了劳动生产效率的提升。同时良好的教育使得下一代具有开阔的视野,能够科学参与到农场经营中,保证农场后继有人。(2) 初级加工设备自主投入。在美国,初级加工设备购置及其建设完全不用审批,所需费用为农户自己投入。农场主可根据需求自主建设。（3）合作经营稳定收益。合作经营范围覆盖美国各州，农场主们共同出资，一起办厂、拓展销售市场，获取更多的利润。农场主既是合作的股东，又是生意伙伴，从产前产后两端保证了自己收益的稳定。第四，进行风险管理控制。主要办法有：（1）期货交易缓冲两端。通过期货交易锁定价格风险，为生产商、加工企业提供价格指导；有效实现贸易两端的合理利润并规避市场交易风险；实现错峰销售并优化资源配置，最大限度利用仓储空间。而基于市场价格的判断，农场主和加工企业可以有效利用期货市场进行套期保值以规避风险，为产业发展提供合理的价格指导和货物交割空间。（2）认证制度保证质量。在美国，种子质量认证自愿，认证内容包括品种真实性和种子质量。对认证过的品种，若违规生产或侵犯品种权，会要受到相应的处罚。企业一般都会接受协会的质量认证；农户一般都会接受受过认证的品种。通过认证制度，大大提高了种子基本质量，保证了后期种植效果。第五，进行经营引导。主要办法有：（1）加工企业需求引导。一方面是引导加工企业在种植场周边开设加工厂，会促进工厂周边的农作物种植。加工企业为了保证自身的原料质量，会通过提供原料需求清单的方式有效引导农场主种植所需加工品种。（2）种子企业生产引导。种子企业通过大量的试验生产出高品质种子来提高其发芽率、农作物抗倒伏率、农产品商品率和产量并进行广泛的推广，种子企业引导农户生产是美国重要的农业生产方式。（3）科技企业研发引导。拥有一定的科研实力自然能够保证科技企业持续推出新技术新工艺，同时通过新技术推广不断提升农场主的农作物种植水平。

12. "粮食储备"是个系统工程

在我国，粮食储备主要是用于保持粮食供求平衡、稳定粮食市场价格、应对重大自然灾害或其他突发事件而建立的一项物资储备制度。根据联合国粮农组织的定义，粮食储备还称作最低粮食库存，是指在新作物年伊始，可以从上一作物年收获的作物中（包括进口）得到的粮食库存量，按照储备的性质和作用将其分为周转储备和后备储备。其中周转储备是保证从产地或从进口地平稳顺利、连续不断地供应并周转到加工厂，最后到达消费者手中的储备。周转储备是具有商业性质的储备，主要用于调控粮食商业流通中出现的供给不足或是周转困难等现象；后备储备则是为了调节农作物歉收和重大自然灾害发生时导致的粮食供应不足时的粮食储备。若以储粮目的的区别可将粮食储备划分为战略粮食储备、周转粮食储备和专项粮食储备。战略粮食储备主要为应对冷战时期可能爆发的战后粮食应急储备，目前战略粮食储备主要针对战争、国际冲突等战略事件导致的粮食供给不足，政府通过行政手段进行战略粮食储备可以及时应对粮食供求问题；周转粮食储备则与前述联合国粮农组织的定义别无二致；专项粮食储备则是针对重大自然灾害而进行的专门粮食储备。

我国的粮食储备由中央政府和地方政府分别负责管理和调

拨。其中，中央储备粮指中央政府储备的用于调节全国粮食供求总量，稳定粮食市场，以及应对重大自然灾害或者其他突发事件等情况的粮食和食用油。中央储备粮是国家调控粮食市场的重要物质手段，是关系国家经济安全的重要战略物资。中国储备粮管理总公司直属企业为专门储存中央储备粮的企业。中央储备粮也可以依照规定由具备条件的其他企业代储。国家实行中央储备粮垂直管理体制，地方各级人民政府及有关部门应当对中央储备粮的垂直管理给予支持和协助。出现下列情况之一的，可以动用中央储备粮：全国或者部分地区粮食明显供不应求或者市场价格异常波动；发生重大自然灾害或者其他突发事件需要动用中央储备粮；国务院认为需要动用中央储备粮的其他情形。未经国务院批准，任何单位和个人不得擅自动用中央储备粮。承储企业应当在轮换计划规定的时间内完成中央储备粮的轮换。中央储备粮的轮换遵循有利于保证中央储备粮的数量、质量和储存安全，保持粮食市场稳定，防止造成市场粮价剧烈波动，节约成本、提高效率的原则。中央储备粮的收购、销售、轮换原则上通过规范的粮食批发市场公开进行，也可以通过国家规定的其他方式进行。地方储备粮是指省、设区的市及以下人民政府储备的用于调节本行政区域粮食供求总量、稳定粮食市场以及应对重大自然灾害或者其他突发事件的粮食和食用油。省发展改革部门、省粮食行政管理部门应当会同省财政部门拟订全省地方储备粮规模、总体布局和动用的宏观调控意见，报省人民政府批准，并对地方储备粮的管理进行指导和协调。设区的市及以下发展改革部门、粮食行政管理部门应当会同同级财政部门拟订当地地方储备粮规模、总体布局和动用的调控意见，报同级人民政府批准，并对地方储备粮的

12. "粮食储备"是个系统工程

管理进行指导和协调。各级粮食行政管理部门负责本级储备粮的管理工作。省粮食行政管理部门负责对设区的市及以下地方储备粮进行监管。各级财政部门负责安排同级地方储备粮的贷款利息、管理费用等财政补贴，并负责地方储备粮财务执行情况的监督检查工作。农业发展银行负责安排地方储备粮的贷款及相应的信贷监管工作。粮食行政管理部门应当将地方储备粮收购、销售计划的具体执行情况，及时报送发展改革部门和财政部门备案，并抄送农业发展银行。收购入库的地方储备粮应当达到国家和省规定的质量标准。承担地方储备粮储存任务的企业应当优先收购新粮。承储企业应当对地方储备粮实行专仓储存、专人保管、专账记载，保证地方储备粮账账相符、账实相符、质量良好、储存安全。承储企业不得实施下列行为：将地方储备粮业务与其他商业性业务混合经营；虚报、瞒报地方储备粮的数量；在地方储备粮中掺杂掺假、以次充好；擅自串换地方储备粮的品种、变更地方储备粮的储存地点；因延误轮换或者管理不善造成地方储备粮陈化、霉变；以低价购进高价入账、高价售出低价入账、以旧粮顶替新粮、虚增入库成本等手段套取差价补贴，骗取地方储备粮贷款和贷款利息、管理费用等财政补贴；以地方储备粮对外进行担保或者对外清偿债务。地方储备粮的收购、销售、轮换应当通过规范的粮食交易市场公开进行，也可以通过本级人民政府规定的其他方式进行。级以上人民政府应当制定粮食安全应急预案，完善地方储备粮的动用预警机制。发展改革部门、粮食行政管理部门应当按照粮食安全应急预案的要求，适时提出动用地方储备粮的建议。有下列情形之一的，可以动用地方储备粮：本行政区域内粮食明显供不应求或者市场价格异常波动的；发生重大自然灾害或者其他突发事件需要动用的；县级以上人民政府认为需要动用的其他情形。地方储备粮的所有权属同级人民政府。动用地方储备粮应当遵循下列原则：优先动用县级储备粮；县级储备粮不足的，由县级人民政府申请动用市级储备粮；市级储备粮不足的，由设区的市人民政府申请动用省级储备粮。

供给要稳定，储备要充足。粮食供给稳定，是指政府要保障粮食主要品种的基本供给，并避免粮食供给的大起大落。从对象来看，人们获得粮食供给不因民族、种族、性别、职业、家庭出身、宗教信仰、教育程度、财产状况、居住期限等方面的不同而有差异。从时间来看，人们稳定地获得粮食供给不因时间不同而有差异。从空间来看，人们稳定地获得粮食供给不因空间不同而有差异。从标准来看，人们因个体自然差异均能稳定地获得个体需要的粮食供给。从粮源来看，强国主要依靠自主生产能力为主渠道，弱国或者外向型经济国家则会以发展本国生产和弹性国际贸易并重来实现。粮食储备充足涉及如下几个方面的内涵：一是在粮食歉收年景，储备粮也能够完全调动和被消费者便利取得；二是最低储备标准系以一次严重的粮食歉收为基准，至于连续两年或两年以上发生的紧急情况以及连续多年积累而成的粮食短缺则不在考虑之列；三是在确定粮食安全储备水平时，充分考虑了小麦、稻米和粗粮、豆类、薯类以及其他食物之间的某种替代可能性。粮食储备充足因国家或者地区的差异而有不同的标准和要求。国际上通行的标准是，当年全球粮食储备量至少应达到当年全球粮食总消费量的17%~18%，一个国家既能保证充足粮源又能节省储粮经费的最佳储粮标准为所储备的粮食需要满足该国3~4个月的口粮；在我国，省级粮食储备规模的标准是，粮食产区为3个月以上粮食销售量，销区为 6 个月粮食销售量，而大中城市和价格易波动地区的成品粮油储备要达到 10~15 天市场供应量。调控要有力，运转要高效。粮食调控有力是指通过多种经济手段，能够保持粮食供求相对平衡和市场基本稳定。要做到政府调控有力，掌握粮食安全主动权，就要着重处理好以下几种关系：一是既要努力使主产区因种粮有好收益，又要保证主销区粮食供给平衡；二是既要保证粮食储备量的稳定，又要使粮食进出口保持相对稳定；三是既要保证种粮农民的利益，又要使市场配置资源的决定性作用得以发挥；四是既要用好两个市场、两种资源以满足国内需要，又要把握进口规模和节奏以稳定国际市场。

粮食安全是关系国计民生的大事。我国建立粮食储备体系以来，其目标主要在于保障粮食供给数量的充足和质量的安全，通过粮食储备体系的"吞吐"机制实现粮食供求的平衡。2017 年，粮食危机的爆发使得世界范围内各国对于粮食安全的重视达到了前所未有的高度。面对全球粮食危机，我国国内粮价波动幅度较小，基本处于平稳状态，其中国家粮食储备体系有着不可替代的作用。中华人民共和国成立伊始，受当时社会政治经济环境的影响，私营业主大量投机粮食哄抬粮价，囤货居奇。尤其是上海市的四次粮价严重波动引发了全国性的粮价上涨，不仅加剧了城市粮食供给困难的局面，还引致全国性的物价波动。为平抑物价和打击投机倒把行为，我国政府提出了储备粮概念并同时在全国各大城市开始建立库存。我国分别于 1962 年和 1965 年建立了"506 战备粮"和"甲字粮"，"506 战备粮"由军事委员会管辖，"甲字粮"为国务院所管辖。我国还于 1963 年提出了"农村集体储备"，第一次考虑将民间粮食储备纳入我国粮食储备体系中。至此我国基本建立了统购统销的粮食储备体系。1990年9月，国务院决定建成国家专项粮食储备制度，并成立国家粮食储备局作为管理机构，出台了《国务院关于建立国家专项粮食储备制度的决定》。当时专项粮食储备制度建立的主要目的是为了解决改革开放后粮食丰收引发粮食供给过剩的问题。2000年，我国建立中国储备粮管理总公司并进行垂直管理。2004年至今，我国粮食储备制度形成了从中央到地方的三级储备主体，是一种兼顾战略粮食储备、后备粮食储备、专项粮食储备的多元粮食储备体系。对于中央储备粮，我国建立了包括中储粮、国家粮食和物资储备局、国家发展和改革委员会、中国农业发展银行、财政部"五位一体"的中央储备粮管理制度。对于地方储备粮，则由省、市、县三级政府管理，其中省级粮食储备在地方粮食储备中占据主导位置。除政府储备之外，民间储备根据企业或农户储备主体按照所有者形式进行相关管理。

我国粮食主产区多分布于东北、内蒙古、河南等北方地区，远离粮食需求量大的东部沿海地区，造成了商品粮的南北运输距离过大，容易受到交通、天气和地域等因素的影响，粮食主产区和粮食主销区的粮食仓库分布不合理，粮食的经济运输缺乏保障。目前国家专项储备粮存储库点2800多个，许多中央储备粮承储库点的储存量低于500万公斤，且与地方商品粮在同一个库点进行管理，监管难度较大，使得主管部门难以了解中央储备粮食库的真实情况。粮储储备布局不合理、粮食储备的不集中使得粮食储备工作的效果和实际作用被大大降低，一旦有突发的粮食供给问题出现，分散的粮食储备将不能及时调配以满足粮食需求。粮食储备管理工作缺乏层次性和效率,机构存在职能重叠中储粮作为国家粮食储备管理体系的核心、作为中央企业,很大程度上决定了其不能够自负盈亏,这意味着中储粮将不计成本完成国家赋予的中央储备粮的储备任务,在中央财政的支持下,中储粮垄断了粮食储备市场。在企业仅以较小代价承担经营失败的后果时,企业的行为往往是冒险且大胆的,这种冒险而大胆的行为就呈现在过量储备、超期储备等行为上。由于通过行政手段获得的垄断地位严重扭曲原本的市场资源配置,中储粮在进行中央储备粮储备时制定的储备计划往往不符合合理数量,而国家的行政指令往往只限数量,储粮企业往往疏于监管。中央储备粮的资金投入早已被列入到中央财政预算之中,1998年中央政府决定利用国债资金建设中央垂直粮库,先后分批对其进行了大量的投资建设。但是目前我国地方粮食储备仓储设备落后,运输设备和基础设施得不到维护,简陋的平房仓和楼房仓库占比很高;在粮食物流方面,粮食中转接受能力偏低,仓储设施不能适应高效率散粮接卸的需要,造成粮食转运效率低、装卸慢、耗损率高。储粮设备的落后造成我国地方粮食储备不达标,大量粮食在落后的仓储条件下不得不超期储存。我国对粮食储备方面的法律保障不足,在《中央储备粮管理条例》的规定中,对中央储备粮行使监管职能的是国家粮食和物资储备局,但中央储备粮的承储不可能完全由中储粮的直属库承担,地方具备承储资格的企业在粮食收储高峰期往往也会承担一部分中央储备粮,由国家粮食和物资储备局负责监管显然就会存在监管不到位的情况,地方各级粮食局对区域内粮食储备的监管也会缺乏积极性。部分储备粮实际上处在无人监管的状态。由于中储粮的特殊身份,国家粮食和物资储备局又缺乏实际的行政处罚权,很难对中储粮形成有效监控。目前我国粮食储备体系主体依然是以中储粮为代表的国有企业，财政负担严重，还不利于分散风险。民间储备特别是农户粮食储备在得不到足够财政支持，农户自身储备条件差、手段落后，损失多、管理难度大的问题应该受到重视。各国粮食储备体系基本上都分为政府储备和私人储备两个部分。政府储备在粮食储备中的占比要小于私人储备，即使是粮食需求对外依赖度极高的日本，其政府储备也只占到粮食储备的15%左右，而中国的政府储备占粮食储备的37%以上，远远高于美国、加拿大、印度等粮食产量大国。庞大的政府储备带来的是巨额的财政支出。

美国、德国、法国是以市场为主导的粮食储备管理体系，而日本和印度则主要是依靠政府进行主导。国情不同，粮食储备体系和储备管理体系也不同，不仅仅是简单的政府主导还是市场主导的问题。粮食储备管理体系包含粮食储备，更涉及粮食储备的目标及其规模方方面面的问题。美国是大规模机械化农业的代表，其中农业专业化和规模化程度极高，是世界上粮食出口大国，粮食总产量居世界第一位。美国粮食用于出口比重较大，而且美国粮食流通速度快，粮食市场发达，其粮食价格变动会对全球粮食市场产生巨大影响，所以美国在一定程度上通过粮食流通掌控了世界粮食价格走向，通过不断调控本国粮食储备规模，进而调控世界粮食价格。在欧盟国家中，德国和法国粮食储备管理体系差别较大，法国作为粮食出口大国，在排名上仅次于美国，粮食自给率329%，并且已开始实施可持续发展道路，更重要的是法国粮食储备不同于其他国家，法国政府要求粮管局必须要购买粮商卖不出去过剩的余粮，应对短期粮食市场上供需平衡不对等，保障粮食市场动态平衡。德国粮食过剩,德国政府对自身粮食的供给来源非常自信,基于此德国粮食储备主要是小规模储备,以应付战事、灾害,接受欧盟干预粮。日本对于许多亚洲国家而言,粮食储备的目标也存在着巨大的差异,日本粮食主要依靠进口,而且由于日本经常发生地质灾害,导致国家安全受到威胁,所以日本的粮食储备目标定位在维护粮食市场供求稳定,调节粮食市场价格,储备紧急用粮。印度虽是一个农业生产大国,但由于印度人口多、基础差,农业发展落后,产品短缺。粮食储备目标是缓冲因年度性粮食减产而导致粮食短缺,保障供给,维护粮价稳定,促进粮食市场繁荣。虽然几种情况各不相同,但其共同之处在于粮食储备的目标都为维护市场稳定,保障粮食安全。中国粮食平均年总产量超过 6 亿吨。中国粮食储备规模较大。居民口粮是国家粮食储备的底线,并带来了庞大的财政负担,与国外粮食储备规模区别较大。美国粮食储备技术水平高、粮食储备设施发达、粮食储备总量大,粮食流通效率高,仓容约为 50000 万吨。美国粮食储备设施遍布全国,各设施之间交通发达、链接方便、调度高效。同时,美国政府特别强调私人储备,通过政府专项储备与个人或农场主等私人储备相结合,有效保障了美国粮食的流通效率。综合来看,美国粮食总仓容 50000 万吨中,农场自由和控制的为 30000 万吨,商业性储粮约为 20000 万吨。法国粮食产量大,出口多,其粮食储备总规模约为 7200 万吨。法国粮食储备主要依托于其超过 300 家的合作社,合作社粮食储存设施可容纳粮食量为 4900 万吨,其他主体还包括部分农场和农庄的粮食储备。与高储存量的法国相比,日本由于本国粮食生产量少,粮食供给依赖进口,粮食储备规模不大,储备标准为保证日本居民 3 个月的粮食使用量，总计约有 200 万吨，其中政府米为 150 万吨，进口米 50 万吨。印度需要大量进口粮食，为减少政府财政负担，印度粮食储备规模实行最低库存制度，政府对最低库存实施动态管理，通过粮食供需来调整储备的库存，一般每年的 1 月、4 月、7 月、10 月调整最低库存量。数据显示，印度政府建有 500 万吨的国家战略储备。中国居民粮食浪费的特殊性决定中国粮食储备的品种结构与国外有较大区别。中国国家粮食储备品种大多以食用口粮品种为主，包含稻谷、小麦和玉米。农户自有储备品种更是如此，一般以直接满足口粮需要的水稻和小麦为主，以玉米和大豆为辅。随着马铃薯主粮化战略的实施，中国也提高了对马铃薯的认识，并逐步将马铃薯纳入中国新的粮食储备品种结构，不断提高粮食安全新战略下中国粮食安全生产和粮食供给水平。美国粮食生产规模大、粮食产量高，对玉米的消费需求大，美国粮食储备品种结构以玉米为主，同时包括少部分的高粱、大麦、燕麦等品种。美国玉米产量居世界第一位，其出口量也是世界第一位，美国玉米生产影响着世界粮食市场的走向。美国大多数的畜牧业依赖玉米为饲料，因而玉米作为美国粮食食用以外，大多会作为饲料和工业用料。玉米产量下跌，市场上玉米供给量减少，势必会引起美国其他肉类产业链的不稳定，美国粮食储备的主要品种是玉米。印度在人口数量和消费习惯等方面与中国具有一定相似性，其粮食储备体系自 20 世纪 60 年代的饥荒后才建立起来，印度粮食储备品种主要以印度居民口粮品种为主，包括小麦和大米。在粮食储备体系建立方面，中国粮食安全主张"以我为主""科技支撑"，中国粮食储备承担着稳定粮食市场和确保国家安全职能，中国建立了以政府为核心的粮食储备体系，代表政府行使

12. "粮食储备"是个系统工程

粮食储备职能的主体是中国储备粮管理总公司和地方国家储备粮承储企业，储备费用都来自于政府。企业储备和农户储备并不其中。而对于美国而言，不仅粮食生产规模大、产量高，而且粮食流通市场高度发达，市场化程度高，因而美国建立了以联邦储备、生产者自主储备、私人企业自储为主的三级储备体系，其中美国政府储备所占比重较小，政府专项储备主要目的是为了调节粮食市场价格和供求波动，其他大部分储备依靠以农场主为代表的生产者自储。印度与中国有共性，其粮食储备体系也是以政府为主，主要粮食储备机构为印度粮食公司，是印度中央政府关于粮食政策的主要执行机构，形成以中央政府和地方各邦为主的政府储备和以印度粮食公司与地方各邦为主的缓冲储备，并且与中国一样，并没有将私人储备与农户储备纳入国家粮食储备中，但政府份额比中国要少很多。

粮食安全新战略下，并非粮食储备越多越好，或者越少越好，而是要求适度规模、科学储粮，同时，储备品种结构也应该不断优化完善。粮食储备规模如果过小，起不到保障粮食安全的作用；如果储备规模过大，则会造成粮食过度积压，粮食流通效率变低，粮食质量下降，更重要的是过大的粮食储备规模，会耗费大量的仓储设施和人员管理，加重政府财政负担。从典型国家的经验看，中国粮食储备管理体系中，政府粮食储备份额过高。推进粮食供给侧改革，坚持底线意识，以保证居民口粮为基础进行科学调整规模，使中国粮食储备保持在一个适度规模范围内，不仅能够降低储藏成本，减少国家财政开支，还能够有效保障粮食流通的效率，活跃粮食市场。粮食储备品种方面，需要推进农业供给侧结构性改革，粮食储备品种常态化和多品种并存。在中国广大地区，居民日常消费主粮主要是稻谷、小麦、玉米等常见品种,这就要求粮食储备应当继续坚持以常见居民日常消费品种为主,才能保证居民口粮消费。但随着居民粮食消费品种多样化需求的出现,粮食储备品种也该有其他粮食品种,满足国家粮食储备安全及其多样的需求。须崇尚依法治粮,以完善的法律法规形式,建立储备标准和储备技术体系,规范粮食收储行为,保证粮食储备管理系统高效运转,确保国家粮食安全。澳大利亚的《储运经营法》、美国的《美国仓储法》、日本的《新粮食法》都具有借鉴价值。中国虽然已经逐步建立了粮食储备管理法律制度,但与目前新常态粮食安全新战略还有差距,特别是还没有粮食储备和粮食安全方面的根本大法,2012年已启动的《中华人民共和国粮食法》立法尚未正式出台,其他关于粮食储备方面的制度基本上以行政法规和行政规章为主,权威性不够。从典型国家的经验看,大多国家粮食储备主体主要是专业粮食储备企业和粮食生产者,而不是政府。政府在粮食储备中主要发挥监督和监管作用。应按照粮食安全新战略要求,鼓励多层次粮食储备主体发展,优化粮食储备结构,实现国家储备与商业储备、政府监管与企业执行、中央储备与地方储备、企业储备与农户储备、传统主体与新型主体有机结合的新模式。同时,普及现代粮食储备技术。从典型国家粮食储备管理体系看,他们都采用了先进的粮食储备技术。美国粮食储备和运输系统十分发达,通过四通八达的交通设施网,联结全国粮食储备设施,实现了信息互联和有效调度,还采用低温仓储技术,有效延长了粮食储藏年限,减少了发霉变质等问题,提升粮食承储的安全性。法国和德国通过购买拥有高端监控设备的私营仓储机构,通过一系列先进的管理运作,实现粮食出入库、安全检疫检测、装卸计量等全自动化和信息化,大大缩短粮食在收储过程中的时间,提升了粮食储备的安全性和粮食储备效率。中国粮食储备应该大力提升粮食储备技术,加快粮食储备科技的研发和创新,减少粮食储备过程中粮食变质、虫害等问题的发生,建立粮食储备监控技术,推动内外监管有效运作,减少由于虚假信息造成的中国粮食储备危机,确保国家粮食储备安全。

13. "数字农业"彰显互联网时代特征

数字农业是指将信息作为农业生产要素,用现代信息技术对农业生产对象、环境及其过程进行可视化表达、数字化设计、信息化管理的一种新兴农业发展形态,是数字经济范畴下采用数字重组方式对传统产业进行变革和升级的典型应用之一。具体来讲,数字农业是将遥感技术、地理信息科学、全球卫星定位系统、计算机技术、通讯和网络技术、自动化技术等高新技术与地理学、农学、生态学、植物生理学、土壤学等基础学科有机结合起来,实现在农业生产过程中对农作物、土壤从宏观到微观的实时监测,以实现对农作物生长、发育状况、病虫害、水肥状况以及相应的环境进行定期信息获取,生成动态空间信息系统,对农业生产中的现象、过程进行模拟,达到合理利用农业资源,降低生产成本,改善生态环境,提高农作物产品和质量的目标。数字农业最大的优势就是实现了信息技术对农业生产诸多过程的有效融合及其渗透,对转变农业生产方式具有重要意义。

数字农业应该包含有以下四个重要因素:(1)农业物联网。农业物联网本质上讲,是一套数控系统。是一个特定的封闭系统内,以探头、传感器、摄像头等设备为基础的物物相联。它根据已经确定的参数和模型进行自动化调控和操作,同时以硬件设备的投资和联网为基础,主要用于设施农业生产过程的管理和操作,也用于农产品的加工、仓储和物流管理。(2)农业大数据。农业大数据是一个数据系统,在开放系统中收集、鉴别、标识农业生产数据,并建立数据库,通过参数、模型和算法来组合和优化多维和海量数据,为农业生产操作和经营决策提供依据,并实现自动化控制和操作。因为它是在完全开放的系统中运作,因而主要用于大田农业的生产和农业全产业链的操作和经营。(3)精准农业。精准农业是建立在农机硬件基础上的执行和操作系统,主要是以农机的单机硬件为基础,配以探测设备和智能化的控制软件,以实现精准操作,变量控制(包括变量播种、变量施肥、变量喷药等),无人驾驶,以及最佳的工作环境和场景适配。精准农业强调的是设备和设施操作的精准和智能控制。(4)智慧农业。智慧农业是通过建立在经验模型基础之上的专家决策系统,配之以多种多样的硬件设备,在农业生产、加工、物流储存及其销售中进行智慧操作。

与数字农业有所不同的是,传统的农业生产方式主要依靠过去积累的经验或手艺来对生产过程进行判断决策和执行,"人"是其中最主要最关键的因素。由于劳动力因素差异很大,导致整体生产过程效率参差不齐、波动性大、农作物或农产品质量无法控制。而在数字农业模式中,通过田间摄像头、温度湿度监控、土壤监控、无人机航拍等大量数字设备的使用,以实时"数据"监测分析来实现对生产的决策管控和精准操作,同时通过海量数据和人工智能设备对农产品生产进行生长维护及其病虫害预防，智能物流服务及其风险管控手段提供数据技术支持，进而大幅提升农业产业链运营效率并能够最大限度优化资源配置。农业数字化相对滞后是当前我国农业发展的大背景。与工业和服务业相比，农业数字化水平处于相对较低位置，数字农业转型在我国才刚开始。2019年2月，中央一号文件《农业农村部关于做好2019年农业农村工作的实施意见》中，明确提出加强农业科技创新推广，推进农机化转型升级以及实施数字乡村战略。国家与地方政府大力支持，高额补贴激励数字农业项目落实。与此同时，在广大农村推行的三权分置改革为数字农业提供了成片操作的生产农田。目前，新型经营主体快速崛起。传统"劳动力密集型"的农业生产方式开始向"资本和技术密集型"的生产方式转型。"新农人"具有科学文化素质、掌握现代农业生产技能，具备一定经营管理能力及其水平。随着物联网的广泛覆盖、低时延场景5G技术大量使用，数字农业的升级能够更有效释放农业产业庞大数据的潜在价值，有效降低企业构建生态农业的门槛。如今，数字农业的发展正面临着令人振奋的前景。数字农业技术可以广泛应用于小麦、玉米大田作物，对品质要求较高的经济作物烟叶、茶叶的应用效果也非常明显，可以有效提高产出率，节约肥料使用率，提高产品质量。数字农业是一个具有挑战性的国家目标，几乎所有现存的技术基础目前都还不足以支撑这样一个战略目标的实现。数字农业在国内的发展，一方面是将其作为开展农业高新技术研究的重要方向，另一方面是通过数字农业技术体系研究，从中分解出一系列适用新技术进行国产化和社会化推广。然而同所有技术一样，数字农业初期主要面临着研发成本过高以及进口软硬件设备的国产化问题。目前国内使用的全球定位系统及其联合收割机设备都由国外进口,价格较高。实现国产化后其成本会大幅降低。数字农业应在关键技术上有自主知识产权的研发和储备,并建立科学精准的农业信息采集、分析以及应用体系。从数字农业的特点来分析,一家一户来目前使用它并不现实。从技术上来看,其潜力巨大。一套系统可服务于几万亩甚至数十万亩的农田。在国产化成本大幅降低之后,数字农业的推广重点将会放在建立社会服务体系之上,面向一个乡镇、一个县甚至一个省(区),在较大区域内建立一套技术设备服务体系,并以社会化的服务方式为农户服务。

1990年,国家农业信息化工程技术研究中心承担了智能化农业信息技术应用示范工程项目,又称"863电脑农业"项目,这一项目累计投入资金近亿元,各级地方政府和农业企业投入资金近8亿元,开发了5个863品牌农业专家系统平台以及200多个带有区域特征、农民可直接上网使用的农业专家系统,建立了包括10万多条知识规则知识库、3000多万个数据的数据库、600多个区域性的知识模型。"863电脑农业"系统覆盖了全国800多个县,累计示范面积5000多万亩,使700多万农户受益。从目前使用的诸多名称来看,不管是"精准农业","专家系统",还是"虚拟农业",都有一个共同的特征"数字农业"。自20个世纪90年代中期以来,数字农业在美国、日本等发达国家中的实验研究与实践有了较大进展,被看作信息时代作物生产管理技术思想的革命。利用先进的信息采集技术将所耕种农田的土质、肥力、降雨、日照及其他相关农业生产信息收集起来,然后通过信息分析系统对这些信息进行综合分析处理,并决定耕作种类及其方式,在生产过程中根据不同地块的情况进行变量施肥、喷药及其灌溉精耕细作,从而有效提高产出、节省投入、还能有利于对环境的保护。1999年,我国农业信息化工程技术研究中心承担了由当时国家计委所支持的"数字农业精准农业生产平台技术研究与应用"项目,其目的是通过引进国外的数字农业技术与装备,通过在北京昌平进行示范基地建设,在消化吸收与运行这些技术与装备的基础上进行自主研发,以建立具有自主知识产权的精准农业技术体系,并在国内进行推广。从2000年开始,中科院地理所、中科院遥感所、中国农大、黑龙江农垦总局、中国农科院等机构也加入进来,在国内开始了大规模的研究。短短几年的时间,项目研发便有了实质性进展,技术人员研发出了收集信息的农田地理信息系统、分析信息的变量农业处方图系统、能进行全自动化操作的变量施肥机、变量喷药机,开始推出具有综合分析功能的平台系统。2015年,大数据成为国家战略,农业大数据成为行业焦点。2015年12月,农业部发布了《农业部关于推进农业农村大数据发展的实施意见》,为农业大数据的应用发展指明了目标、重点和难点。2016年10月,农业部办公厅进一步印发《农业农村大数据试点方案》,决定自2016年起在21个省(区、市)开展农业农村大数据试点,建设生猪、柑橘等8类农产品单品种大数据,明确了"单品类、全产业链"的发展路径。截止2018年底,在政府大力推动下,农民和企业对数据的认知水平显著提高,苹果、生猪等重要单品类的产业信息化和产业链优化取得了可喜的进展,农业数据的采集渠道进一步拓宽。2017年,农业部正式设立"数字农业"专项,鼓励国家现代农业示范区规模化的生产经营主体开展数字化试点示范,为产业数字化树立标杆,加快产业数字化进程。文件指出项目的建设思路是：推动大数据、云计算、物联网、移动互联、遥感等现代信息技术在农业中应用，在大田种植、设施园艺、畜禽养殖、水产养殖等领域开展精准作业、精准控制建设试点，探索数字农业技术集成应用解决方案和产业化模式，打造一批数字农业示范样板，加快推进农业生产智能化、经营信息化、管理数据化、服务在线化，全面提高农业现代化水平。人民网北京2019年4月20日消息，《2019全国县域数字农业农村发展水平评价报告》在2019中国农业展望大会上发布。2018年全国县域数字农业农村发展总体水平达到33%。该报告从发展环境、基础支撑、信息消费、生产信息化、经营信息化、乡村治理信息化、服务信息化七个方面对全国2094个有效样本县的县域数字农业农村发展水平进行了评价。报告显示，全国已有77.7%的县（市、区）设立了农业农村信息化管理服务机构；2018年；县域财政总计投入数字农业农村建设资金129亿元；县域城乡居民人均电信消费突破500元；农业生产数字化改造快速起步，2018年农业生产数字化水平达18.6%；农村电子商务加快发展，行政村电子商务服务站点覆盖率达64%，县域农产品网络零售额为5542亿元，占农产品交易总额的9.8%；信息进村入户工程建设取得显著成效，建成益农信息社覆盖行政村49.7%。报告从358个自愿申报的项目中向社会推介了96个创新项目，涉及智慧种养业、数字化管理、电子商务和信息服务诸多方面。

"数字农业"的概念于1997年由美国科学院和美国工程院正式提出，1998年美国副总统戈尔在阐述"数字地球"的概念时，对数字农业内涵进行了定义。数字农业和信息农业、精准农业、智慧农业等既有联系，又有区别。共同之处是以数字资源为基础,以信息技术为支撑,以促进农业生产力和经济发展为目标。数字农业是在农业信息化内涵基础上,强调数字化特征和信息技术应用到各环节的本质作用。从内涵来解读,目前比较趋同的看法是,信息农业是指集知识、信息、智能、技术、加工及其销售等生产经营诸多要素为一体的开放式、高效化的农业发展模式。其本质是更多使用可回收、可发展、可传播、可共享的信息来替代存量有限、可耗竭的自然资源及其物质资源,使农作物生长主要依赖自然资源转向主要依赖信息资源。该种内涵解释中,信息农业更像是农业信息化、农村信息化产业的范畴。而精准农业是指由信息技术支持,根据空间变异,定位、定时、定量实行整套现代化农作物生产操作及其技术管理的系统。其本质是根据所经营农田内部土壤性状与生产力空间变异进行定位下的系统诊断、优化配方、技术组合及其科学管理,以最节省的生产投入达到同等或者更大的收入,实现经济效益和环境效益的提升。该种内涵解释中,精准农业是通过精准信息数据分析,来控制农业机械实施精准耕作的农业生产模式。智慧农业是近些年来兴起的词汇,智慧农业是指将新兴的遥感技术、传感技术、大数据技术、互联网技术、云计算技术、人工智能技术与农业智能设备、农业智能机器人相结合并应用到农业生产、加工、经营管理及其服务诸多产业链的过程中,形成精准种植、网络营销、社会服务的全智慧管理系统。智慧农业是精准农业思想结合智慧化思想,由单纯种植外延至大农业,实现农业全要素、全链条、全产业、全区域的数字网络智慧思想。

  美国、德国、日本等在数字农业研究方面已经形成了科学的理论和技术体系。美国一直高度重视数字农业的研究,20

世纪 80 年代，雨鸟和摩托罗拉就合作开发了智能中央灌溉控制系统，将数字技术应用于温室控制和管理。20 世纪 90 年代开发的温室控制与管理系统可以根据温室作物的特点和要求，对光照、温度、水、气、肥诸多因子进行自动调控，还可利用温差管理技术实现对花卉、果蔬产品的开花和成熟期进行控制。目前世界上最大的农业网络是美国内布拉斯加大学的 AG-NET 联机网络。美国 41.6% 的家庭农场、46.8% 的奶牛场和 52% 的年轻农场主通过该系统进行网络信息联络，有专业的农业技术服务组织将农业信息提供给农民，服务于农业生产管理和精细化耕作。美国 LACIE 计划和 AGRISTARS 计划利用遥感、地理信息系统等技术进行美国和全球不同地区多种粮食作物面积估算、长势评估、病虫害监测和总量预报，为农业生产管理、指导农产品贸易提供客观准确的数据。德国在数字农业技术研发上投入了大量资金并由大型企业牵头进行开发。德国一直致力于研发农业智能机械和装备，提供数字农业综合解决方案。目前德国农业生产领域大多数操作通过计算机决策系统支持完成并向农民提供多种咨询服务。日本在物联网技术研发方面成绩显著，50% 以上农户使用物联网技术，92% 农业生产部门应用农业自动化技术。有 77 个蔬菜市场和 23 个畜产品市场与农副产品情报中心联机，提供农副产品生产及其价格信息，实现产销精准对接。目前，美国、日本的农业航空植保精准作业面积达到 50% 以上，大幅度提升农业生产效率。

农业数据信息资源建设是数字农业的基础。通过田间采样、GPS 采样、智能农机作业、多平台遥感等技术手段，我国针对土地资源、水资源、气候资源已经进行详细的调查，建立了不同信息资源数据库。同时，已经建成中国农林文献数据库、中国农业文摘数据库、农牧渔业科技成果数据库、中国畜牧业综合数据库、农业合作经济数据库等有代表性的农业数据库。随着卫星遥感技术与地面物联网的发展，农业信息的获取需要天空地多层次的监测，获得更多详细的农业数据信息，并重点从海量数据中提取有用的信息，减少数据库的冗余，建立合理有效的农业数据库和数据集。需要说明的是，我国地形多样、灾害天气频发、种植制度复杂、生产高度动态性，单一传感器或单一遥感平台的对地观测在实际应用中存在较多局限，需要综合天基、空基和地基观测，建立具有区域范围大和空间连续性特点的卫星遥感观测，具有高精度和时间连续性特点的航空遥感观测，具有实时观测和快速传输特点的地面传感网，实现对农情信息全天时、全天候、大范围、动态和立体监测与管理。需要强调的是，针对农业生产过程涉及数据量大、涵盖信息多、动态且多维的特点，迫切需要进行数字农业规范标准的制定。加强数字农业标准和规范体系建设，制定一批数字农业国家标准和行业标准，包括农业数据采集、存储、分析、处理和服务标准，农业大数据平台和系统标准、数据访问和交换标准，促进农业数据互联共享。

遥感、地理信息科学、全球定位系统技术是数字农业的关键。我国于20世纪80年代开始开展作物遥感估产研究并在北方11省市建立了冬小麦气象遥感估产运行系统。农业部先后在京津地区对冬小麦、在浙江杭州嘉兴地区对水稻以及在北方6省市对小麦进行了遥感估产试验。"八五"期间，农作物遥感估产成为国家科技攻关内容，开展了小麦、玉米和水稻大面积遥感估产试验研究和北方草原草畜平衡动态监测研究。中科院"九五"重大和特别支持项目"中国资源环境遥感信息系统及农情速报"将研究手段过渡到资源卫星为主,建立了"北方冬小麦气象卫星遥感动态监测及估产系统"。20 世纪 90 年代开始,农业部组织全国农业遥感的科研力量进行多年研究,建立了全国主要大宗农作物遥感估产业务运行系统,于 2002 年开始正式进入业务化运行。目前,持续开展了国内水稻、玉米、小麦、大豆、棉花、油菜和甘蔗等七大作物的种植面积、长势和产量以及土壤墒情监测,同时完成了国内水稻、小麦、玉米主产区和东北大豆、新疆棉花的种植面积的摸底调查工作。

  数字农业依靠模拟模型进行生产诊断。农业模型包括农业生物模型、环境模型、技术模型和经济管理模型,目前农业生物模型研究较多,尤其是农业植物模型,而动物模型研究较少。在农业植物模型方面,国内主要是通过引进国外模型修订和验证后,建立起了我国的数字化玉米生长模型、作物精准施肥模型、油菜器官间干物质分配动态定量模拟、基于生物量的水稻叶片主要几何属性模型。使用智能计算机系统模拟专家知识水平和经验解决相关问题,是我国数字农业研究中起步最早的领域,目前已经取得较大成果并广泛应用于作物施肥、灌溉、病虫害管理、水土保持等领域。20 世纪 80 年代研发的砂浆黑土小麦施肥专家咨询系统、作物病虫预测专家系统,90 年代研发的土坝事故诊断专家系统,2003 年研发的人参、玉米、水稻、蔬菜和畜牧业生产智能系统,2012 年研发的作物养分管理专家系统,许多省市农户进行试验,取得较好效果。

  就目前来说,在大田种植方面,需要夯实基于北斗导航系统的精准时空服务基础设施平台,集成农田生产管理信息系统、农业资源管理系统、农业科技信息管理系统、农作物估产系统等大田农业生产过程管理系统和精细管理及公共服务系统。在设施园艺方面，需要建设温室大棚环境监测控制系统和工厂化育苗系统，集成产品质量安全监控和采后处理系统，为电商物流提供基础支撑。在畜禽养殖方面，需要构建自动化精准环境控制系统和数字化精准饲喂管理系统。在水产养殖方面，需要建设养殖在线监测系统和现场无线传输自主网络，完善水产养殖管理系统和综合管理保障系统，搭建高效的水产养殖公共服务平台。

数字农业通过智能装备实行控制。我国智能农机装备以国外引进和自主研发并进。黑龙江农垦是我国机械化最高的农场群，智能化农机装备应用广泛，先后从美国引进带有GPS自动驾驶装置的变量喷药机、450马力拖拉机、带有产量监测系统的CaseIH2366收获机，为生产决策提供了科学依据。目前，我国装备数字化、智能监控设计与制造取得了显著进展。大型精准喷药设备、变量配肥施肥设备和基于卫星定位的农业机械导航系统装备在新疆、黑龙江开展了实际应用。我国在温室自动控制技术方面也取得重要进展，完成从引进吸收、简单应用阶段到自主创新、综合应用阶段的过渡。中国农业科学院农业气象研究所和蔬菜花卉研究所联合研制的温室控制与管理系统、中国农业大学研制了分布式温室环境监控计算机管理系统目前处于国际先进水平。

在我国，目前数字农业运用的商业模式主要有：（1）现代农业智慧园。现代农业智慧园以信息技术改造传统农业为主要目标，以农业信息技术应用为重点，全面推进互联网＋与农业生产、经营、管理、服务融合发展，培育农业发展新动能新业态，促进农业提质增效，农民增收致富。（2）区块链农业。

区块链是一种按照时间顺序将数据区块以顺序相连的方式组合成的一种链式数据结构，并以密码方式保证数据的不可篡改及其安全存储和读取。把区块链技术运用到农业领域，能够提升农业生产和管理的整体安全及其运行效率。（3）植保无人机。植保无人机又称作无人飞行器，是用于农林植物保护作业的无人驾驶飞机，该型无人飞机由飞行平台（固定翼、直升机、多轴飞行器）、导航飞控、喷洒机构三部分组成，通过地面遥控或导航飞控，来实现喷洒作业，可以喷洒药剂、种子、粉剂等。（4）农业气象站。农业气象站是一种能自动观测与储存气象观测数据的硬件软件结合体，主要功能是对风、温度、湿度、气压、草温等气象要素以及土壤含水量的数据变化实时进行监测。自动农业气象站类型多样，但结构基本相同，主要由传感器、采集器、系统电源、通信接口及外围设备等组成。（5）数字农贷。数字农贷具有如下特点：一是基于农业生产的量化模型及农民的历史生产数据给农民授信，免抵押，免担保；二是通过生产量化模型精准地把资金定时、定量的投入到生产过程中，让给农民的每一分钱贷款都不产生闲置费用；三是系统对农民提供风险管理，实现农业生产管理的全信息和全智慧方式。（6）精准农业。精准农业是指按照田间每一操作单元的环境条件和作物生产的不同差异，精细调整各种农艺措施，最大限度地优化水、肥、种子、农药的投入数量、投入品种及其投入时机，以期获得最高产量和最大经济效益，同时保护好农业生态环境，保护好农业自然资源。

我国数字农业发展中面临两个方面的主要问题：一是智慧管控水平较弱的问题。近年来政府与企业多在数据采集上投入重金。然而，由于缺乏明确的业务化方向和必要的数据运营技能,对获取数据的质量控制、分析加工和建模应用方面的水平相对滞后。数据的获取与应用是一个双向互动的过程,只有不断尝试利用数据产生业务价值,才能建立有价值的数据采集渠道。由于农业数据对农业生产经营主体的服务能力普遍不足,产品市场化自然困难。数据产品的服务能力依赖于数据质量及其多样,随着高价值数据的不断积累,才有望提升产品实用性,撬动国内庞大的数字农业市场。二是应用场景单一的问题。当前我国数字农业的绝大部分应用还停留在生产过程,其他环节的信息化和数字化程度较低。虽然农业部提出了全产业链的农业大数据发展路径,尚未能充分激发产业链其他环节的潜力,农产品电商的经营方式也还未开始数据驱动的尝试。我国幅员辽阔,目前的农业数据分散在多个部门、多个区域,农业数据目前整合力度不够。从覆盖领域来看,农业数据领域需要拓展到相关上下游产业;从区域覆盖来看,农业数据需要涵盖国内所有农业区域的数据;从覆盖广度来看,要整合主要农产品及其主要畜产品的统计数据信息。

14. "新型农业经营主体"让农业现代化更具坚实基础

　　新型农业经营主体是基于我国传统的小规模、半自给的家庭经营农户而提出的。家庭经营农户又被称作传统小农或者普通农户，其生产经营活动以家庭为基本单位，是根据自身需求进行农业生产的小规模自给自足的经营模式。但随着市场经济发展，大量农民进城务工，土地流转与抛荒现象激增，传统小农的经营规模虽有所扩张，但其经营规模一般不会超过20亩。传统小农由于承担着维持家庭生计的基本功能，并不过度追求剩余价值，因而在生产经营活动中既不会雇佣额外劳动力也没有扩大经营规模的需求。在现代生产资料不断普及的情况下，尽管会给传统小农减小相应的压力，但其数量众多且分散的特性，仍然存在着难以对接社会化生产和难以适应市场风险的问题。而与传统家庭农户有所不同的是，新型农业经营主体是在家庭承包经营制度下，经营规模大、集约化程度高、市场竞争力强的农业经营组织或者职业农民。就目前我国农业实践来看，新型农业经营主体主要有专业大户、家庭农场、农民专业合作社、农业企业和经营性农业服务组织。其中：

　　专业大户又称作种养大户，指的是围绕某一种农产品从事专业化生产，其种植或养殖规模明显高于传统小农却又小于家庭农场的经营主体，其经营规模一般在 20 亩～50 亩之间。专业大户往往通过熟人社会私下流转土地，这种非正规流转方式虽然租金相对较低，但承包关系却很不稳定，可能会由于流转方的突然返乡而终止，且所流转的土地往往较为细碎，难以集中连片，专业大户因而并不愿意对土地进行长期投入或是购买农业机械。为了增加农作物的产出，专业大户一般都会种植经济作物或用套种的方式提高复种指数。同时，专业大户因保留了家庭的完整性，对村庄治理产生了正面影响。

家庭农场指的是以家庭成员为主要劳动力，从事农业商品化、规模化、集约化的生产经营活动，并以农业收入为家庭主要收入来源的新型农业经营主体。家庭农场的土地流转面积一般在 50 亩～500 亩之间。经营家庭农场的农户除了自身承包的耕地外，还通过流转方式扩充了大量耕地，并将土地集中连片以方便田间管理与农业机械的使用。家庭农场主要是与村委会和农户签订正式的流转协议，流转周期一般在 5 年～10 年左右，并在协议到期后享有优先流转权，因而家庭农场会在前期投入大量成本用以改善农业生产土壤条件并购买农用机械。据调查，正规方式的土地流转租金约为 700 元～1000 元/亩，但一般家庭农场只能承担 50 亩～200 亩的投入成本，并有着强烈的借贷需求。

农民专业合作社是同类农产品的生产经营者或同类农业生产经营服务的提供者、利用者，自愿联合、民主管理的互助性经济组织。农民专业合作社以其社员为主要服务对象，提供农业生产资料的购买，农产品的销售、加工、运输、贮藏以及与农业生产经营有关的技术、信息等服务。从类型来看，我国目前主要有农业生产资料供应合作社、农牧业生产合作社、农业金融信贷保险合作社以及农产品加工销售合作社等多种类型的农民专业合作社。农民专业合作社在自愿联合与民主管理的基础上，充分发挥了带动散户、组织大户、对接企业、链接市场的优势，解决了传统小农在家庭经营模式下的规模不经济问题，并通过资金、技术等方面的投入，提高农民的组织化程度与集约化水平。农民专业合作社具有强烈的互助性质。

农业企业指的是通过合同或订单的方式与农户建立起利益关联纽带，对农产品进行加工、处理、运输、销售，实现分散农户的产供销和农工贸一体的新型农业经营主体。农业企业主要从事种植业、畜牧业、水产养殖业一体化经营或是其中的某个环节，通过科学的经营管理方式、先进的生产技术以及雄厚的经济实力，为分散农户提供产前，产中及其产后的各类生产及其经营性服务。农业企业经营规模通常在 500 亩以上，在流转土地时往往要求集中连片，以提高农业机械的使用效率，减少相应的管理成本。农业企业一般都有着强烈的借贷诉求。同时，由于经营规模较大、生产周期和投资链条较长，农业企业往往采用粗放式管理，并且极容易受自然风险与市场风险的影响，因而具有一定的风险性和不稳定性。

2012 年 12 月，中央农村工作会议正式提出培育新型农业经营主体的概念。对于新型农业经营主体内涵，《浙江省人民政府办公厅关于大力培育新型农业经营主体的意见》指出，新型农业经营主体是指在家庭承包经营制度下，经营规模大、集约化程度高、市场竞争力强的农业经营组织和有文化、懂技术、会经营的职业农民。而要弄清楚新型农业经营主体，需要从其提出的两个背景进行分析：一是新型农业经营主体是相对于传统的小规模、自给半自给农户家庭经营提出的，克服了后者在规模经济、要素利用效率等方面的缺陷，具有经营规模较大、劳动生产率较高、商品化程度高的特征。二是新型农业经营主体是在构建新型农业经营体、实现中国特色农业现代化的背景下提出，既要有较高的物质技术装备水平和经营管理水平，也要适合当地实际情况，不能盲目追求经营规模，而是要规模经济和土地产出率并重。需要指出的是，新型农业经营主体既包括从事种养殖农业生产经营组织，也包括为农业生产提供各种服务的经营组织。

20世纪70年代末期的农村改革，虽然激发了农民的生产积极性，极大地解放和发展了农业农村生产力，实现了农产品基本平衡、丰年有余的历史性转变。但进入20世纪90年代中期以来，大量农村劳动力进城务工经商，农村土地流转增加，农业产业结构深入调整，为专业大户、家庭农场、农民合作社、农业企业等各类农业生产经营组织发育和成长提供了难得的机遇，而这些农业经营组织既是推动农业经营体制机制创新的主要力量，也成为新型农业经营主体的主要构成。进入21世纪后，工业化、信息化、城镇化、市场化、国际化进程不断加快，国内农产品需求刚性增长、质量安全要求不断提高的同时，农村劳动力大量转移、资源环境约束日益加剧、市场竞争压力不断加大，对以小农经营为主要特征的传统农业发展方式提出了挑战，迫切要求加快培育新型农业经营主体，创新农业经营体制，转变农业发展方式。具体来讲：（1）农业劳动力结构性矛盾突显，需要发展新型农业经营主体，解决农业后继无人的问题。进入21世纪以来，我国城镇化加快发展。由于农业效益低、农民社会地位不高，新生代农民工不愿意务农，农村青壮年劳动力短缺严重、农业劳动力素质下降、季节性和区域性短缺问题开始凸显。传统农户急剧分化,农业的老龄化、兼业化、副业化趋势明显,农业发展面临严峻挑战。培育专业大户、家庭农场、发展农民合作社和龙头企业,填补传统农户分化造成的缺失,构建包含多元化经营主体的新型农业经营体系,成为我国现代农业发展的客观要求。(2)国内外市场融合程度进一步加深,农业的市场风险和国际竞争压力日益加剧,需要发展新型经营主体,提升农业市场竞争能力。自我国加入世界贸易组织以来,农业对外开放程度快速提高,国际供求和价格波动对国内市场的影响日益明显。另一方面,国内市场体系不断完善,期货市场快速发展,宏观经济、资本市场成为影响农产品市场的重要因素。在国内外多种因素的相互交织、相互叠加影响下,农产品市场波动幅度加大、频率加快。以传统农户为生产主体、以众多分散农民经纪人为购销主力的农业经营体系,根本无法面对剧烈变化而且庞大的农产品市场变化。培育农业企业及其农民合作社等新型农业经营主体,延长产业链条,提高农业的组织化程度和农产品附加值,是应对市场风险和国际竞争的必然选择。(3)资源环境约束加剧和农产品需求刚性增长的矛盾凸显,迫切要求培育新型经营主体,转变农业发展方式。我国人多地少,水土资源短缺。随着城镇化水平的提高、城乡居民食品消费的升级和农产品工业用途的开发,农产品需求整体呈现刚性增长。我国农产品供给已经由20世纪90年代的总量平衡、丰年有余,转变成总量基本平衡、结构性紧缺,保障粮食安全和重要农产品供给的压力明显增加。农业发展方式需要向集约化经营转变,更多采用科学手段,增加技术、资本生产要素投入,着力提高土地产出率、资源利用率、劳动生产率，增强农业综合生产能力和可持续发展能力。规模经营主体更容易接受和应用新品种、新技术，对现代生产要素需求更为强烈。（4）农产品质量安全要求日益受到重视，迫切需要发展新型农业经营主体，推行标准化生产，构建农产品质量安全保障体系。传统农户为主体的小生产和分散流通相结合的供给模式给农产品的质量安全监管带来极大的难题，也为建立标准化管理体系和质量追溯体系增加了难度。发展新型农业经营主体，可以将分散的农户组织起来，统一生产资料供应和技术规程，实现全过程全产业链的质量管理及其质量可追溯制度。

应该讲，改革开放以来，我国农户家庭经营一直处在不断分化之中，各种新型经营主体也不断产生和发展。从组织属性看，一是家庭经营类。这类主体大多脱胎于普通农户，以家庭为基本生产经营单位，以家庭成员为主要劳动力，保留了农户家庭生产单位与消费单位统一、治理结构简单有效、成员属于利益共同体、生产监督成本较低等特点。在外在组织形式上，有的依然保留家庭形式，有的则根据需要登记成个体工商户、个人独资企业。主要有专业大户、家庭农场及其生产服务专业户三种类型。截至 2013 年底，全国经营面积在 50 亩以上的专业大户超过 287 万户。其中种粮大户 68.2 万户，占农户总数的 0.28%；种粮大户经营耕地面积 1.34 亿亩，占全国耕地面积的 7.3%。截至 2012 年底，全国共有家庭农场 87.7 万个，经营耕地面积达 1.76 亿亩，占全国承包耕地面积的 13.4%。生产服务专业户方面的农业部统计数据显示，2013 年全国农机专业户超过 520 万个，成为农机服务的重要提供者。二是合作经营类。这种主体是农户在家庭承包经营的基础上，通过各种形式联合起来,以克服小规模经营的种种弊端,包括各种农民合作社、专业协会等。2007年《农民专业合作社法》正式实施以来,农民专业合作社快速发展,已经成为主导性的农业合作经营类组织。农民专业合作社是在农村家庭承包经营基础上,同类农产品的生产经营者或者同类农业生产经营服务的提供者、利用者,自愿联合、民主管理的互助性经济组织。在农户合作的基础上又产生了再联合,出现了农民专业合作社联合社。截至2018年底,全国依法登记的农民合作社达217.3万家,是2012年的3.15倍。农民合作社带动能力不断增强。实有入社农户超过1亿户,占全国农户总数的49.1%。农民合作社表现出了较强的带农增收能力。在接受调查的合作社当中,能够带动入社农户户均增收2000元~4000元的合作社达到40.2%,2000元以下的21.8%,6000元以上的达到19.4%,4000元~6000元的达到18.6%。在接受调查的合作社中,从事生态农业的最多,其比例达到49.0%。从事循环农业、休闲观光农业的占比次之,分别为37.0%、30.2%。从事会展农业的最少,其比例5.1%。另外,有43.8%的合作社从事了两种及两种以上新业态,有19.8%的合作社未发展新业态。2013年《中共中央关于全面深化改革若干重大问题的决定》明确,允许合作社开展信用合作,进一步拓展了合作的领域和范围。截至2014年3月,全国有2159家农民合作社开展了不同形式的信用合作。三是企业经营类。企业是与家庭不同的一类组织,企业是指以盈利为目的,运用各种生产要素,向市场提供商品或服务,实行自主经营、自负盈亏、独立核算的法人或其他社会经济组织。企业组织类经营主体在农业领域通过各种形式参与到农业产前、产中和产后生产经营活动之中。我国目前积极倡导的农业企业，即主要从事农产品的生产、加工和流通，并通过利益联结机制与农户相联系，使农产品生产、加工、销售有机结合，实行一体化经营的企业组织。截至2018年底，全国县级以上农业产业化龙头企业达8.7万家，国家重点龙头企业达1243家，各类农业产业化组织辐射带动1.27亿农户，户年均增收超过3000元。其实，2012年的调查数据就显示其中的种植业、畜牧业、水产业的龙头企业分别占到总数的56.9%、27.4%和6.6%，所提供的农产品及加工制品占农产品市场供应量的1/3，占主要城市"菜篮子"产品供给的2/3以上。

若观察美国和法国的家庭农场及其农业合作社的话，则美国农业生产的基本单位一直都是农场。实际上，美国直至20世纪20年代国家所有的可耕种土地才基本分配完毕，此后，农地流转主要通过农地所有者间的有偿买卖实现。美国的农场形式主要有三种：公司农场、家庭农场、合伙农场，其中，以家庭农场为主导。由于美国农场多为家庭农场，因此小型农场所占比例较高，公司型农场越来越少。家庭农场是美国农产品最重要的供应来源，从其特点来看：其一是经营运作高效，农业生产机械化应用在美国农场已十分普遍，美国农场整体数量减少、单体规模扩大的趋势能够提高其市场竞争能力；其二是经营模式多元，生产型农场、娱乐型农场、农林型农场新模式都在不断发展壮大；其三是风险抵御能力强，美国农场以土地产权为保障，通过自由的农地流转扩大了自身规模，最终转变为股份制经营，这一农业经营模式向工业运作模式转变过程中能够尽可能避免债务风险。在美国家庭农场发展过程中，政府的引导与支持发挥了较大作用。美国政府农业科技政策的目标始终是将先进科技转化为生产力,为此,美国构建了十分健全的科研、教育、推广体系。美国政府支持农场合作与农业协作,成功解决了农地分布分散的问题。美国政府始终重视资源保护,出台了整套法律加强农场资源保护,这为家庭农场创造了良好的外部发展环境。为应对市场经济波动,美国政府通过实行价格收入支持、扩大市场对农产品的需求、为家庭农场生产提供信贷支持等政策来提高农场主应对风险的能力,实现农场增收。美国的农业合作社在农产品产销经营过程中作用重大。美国农业合作社的宗旨是提供服务并使其社员获利。美国合作社的重点工作领域是产前产后供销,服务对象不限于社员,对非社员也可以提供相关服务,但会相应地收取费用。美国存在跨区域合作社,这一类型的合作社主要特征是跨区域联合,合作以共同销售为主要目的。美国合作社可以分为销售、供应、服务三种类型。所有合作社的原则都是用户受益、用户拥有、用户控制。美国政府对合作社发展给予立法、税收、资金信贷等多方面的支持。美国合作社的发展新趋势是合作社联合周围生产相关产品的农户来发展加工业。这一类合作社竞争力大幅增加,运行效率也比较高,其优势在于能够改进农产品结构,借助产业升级的力量推动农业发展。

法国是欧洲最大的农业生产国,农产品出口居世界第二,作为法国最主要的经营形式,家庭农场为法国农业发展做出了不可忽视的贡献。20世纪60年代之后,在法国一系列国家政策的鼓励和引导下,法国农场的总量大幅下降,单个农场的种植规模却大幅增长。法国农场的数量从1955年的228万个减少到1997年的67万个,农场土地平均规模从1955年的14公顷增长至1997年的41公顷。目前法国约有65万个家庭农场,都以家庭为单位，经营具有高度组织化的特征，以农业合作社的方式组织起来。全法农业合作社成员达130万，70%的农业种植者都参加了农业合作社。法国农场经营专业化特点突出，有畜牧、谷物、水果、蔬菜四类专业农场。近些年来，法国农场的耕种、收获、运输、储藏及其营销都由农场以外的特定企业承担，农场的性质已经发生了变化，原来的自给性生产逐渐变成了当前的商品化生产。法国新型农业经营主体的发展与法国的农地政策、人口政策密不可分。二战结束后，法国政府设立了专门政府部门，以数额巨大的财政专项预算为后盾，辅以信贷计划，先后颁布了一系列调控政策直接介入市场之中，高效组织农业富余人口转移、土地流转与集中经营，十分有效地促进了中等规模的农场发展。由此，法国不仅一举改变了农产品不能自给的旧有状况，而且一跃成为了彼时欧盟的第一大农业生产国以及世界第二大农业和食品出口国。农业合作社在法国的发展十分规范，这一良好现状的出现与法国政府完备的立法密切相关，实际上，法国是全球范围内拥有与合作社相关的法律法规最多的国家之一。

　　培育与发展新型农业经营主体的过程中，国外经验可以带来一些启示：（1）解决好土地流转问题是新型农业经营主体发展的前提。农业经营的规模应当伴随经济发展、工业化推进而不断扩大。土地流转问题是新型农业经营主体发展中的难题。新型农业经营主体若要实现规模效益，首先要解决农地来源问题。在当前土地制度背景下，通过土地流转扩大种养殖规模是必然之举。要培育和发展新型农业主体，政府首先应当着力解决当地土地流转问题，结合当地经济发展的实际，制定合理的土地流转政策。多个国家的经验表明，分散后的地权很难再次集中。若将所有权流转与使用权流转的效果相比较，所有权流转的贡献相对而言是较小的，使用权流转是成本相对较低、震动相对较小的可行途径，实际上，使用权流转也是发达国家扩大农地经营规模的主流途径。我国的农地集体所有性质决定了我国农地所有权的不可流转，使用权流转成为了唯一选择。（2）新型农业经营主体培育需要政府扶持作为保障。新型农业经营主体的培育和发展，离不开政府的引导和支持。目前，我国新型农业经营主体的发展还处在初始阶段，内外部条件相对不足，各主体有一定发展能力，但各种风险仍然威胁这些新型主体的生存。新型农业经营主体的发展和强大，直接关系我国农业发展水平，政府必须加以引导和支持。（3）发展新型农业经营主体需要完善的社会化服务体系作为支撑。规模化种植使得旧有的管理方式不再适用，农民需要有社会化服务为辅助，才能更好地专注于管理和经营。如果没有完善的社会化服务体系为支撑，农民就无法从繁杂的农业生产劳动中解放出来，农业生产成本也无法压低，新型农业经营主体的生存就是个问题。从国外新型农业经营主体发展的经验来看，新型农业经营主体的发展，离不开当地完善的社会化服务提供的农业生产产前、产中、产后的各项服务。完善社会化服务体系，应当包括要素市场建设、基础设施建设、金融信贷服务、科技信息服务等，涵盖农业生产各环节，为新型农业经营主体提供强力支撑。（4）培育新型农民是培育新型农业经营主体的重点。新型农业经营主体要想发展好，必须加强对农民的各种技能培训，着力培养新型农民。经营者本身直接决定新型农业经营主体的未来。目前我国新型农业经营主体发展过程中缺少先进的营销渠道和现代化的信息技术，主要原因是经营者自身文化水平较低、现代市场经营意识弱，导致产品销售渠道仍比较传统，无法获得良好收益。因此，对经营者的培训和培养尤为重要，需要着力提高他们的专业素质和科技文化水平，对他们进行动物疫病防控、农产品安全生产培训等。

习近平总书记十分重视我国农民合作社和家庭农场发展，2018年9月21日在中央政治局第八次集体学习时指出"要突出抓好农民合作社和家庭农场两类农业经营主体发展，赋予双层经营体制新的内涵，不断提高农业经营效率"，2019年3月8日在参加河南代表团审议时强调"要突出抓好家庭农场和农民合作社两类农业经营主体发展，支持小农户和现代农业发展有机衔接"。《中共中央办公厅、国务院办公厅关于加快构建政策体系培育新型农业经营主体的意见》明确，在坚持家庭承包经营基础上，培育从事农业生产和服务的新型农业经营主体是关系我国农业现代化的重大战略；加快培育新型农业经营主体，对于推进农业供给侧结构性改革、引领农业适度规模经营发展、带动农民就业增收、增强农业农村发展新动能具有十分重要的意义。

进入2019年，中央财政加大了对家庭农场和农民合作社新型农业经营主体的支持力度。提出了新型农业经营主体培育基本原则：（1）坚持政府扶持，协调发展。充分发挥政策引导作用，通过先建后补、以奖代补等形式，扩大政策受惠面，对新型农业经营主体发展予以支持；充分发挥市场配置资源的决定性作用，运用市场的办法推进生产要素向新型农业经营主体优化配置。要因地制宜，推进各类新型农业经营主体之间协调发展，既不能搞平均主义，也不能好大恶小、厚此薄彼，为新型农业经营主体发展创造公平的市场环境。（2）坚持能力提升，高质高效。聚焦农产品加工、经营管理、市场营销等关键能力提升，推进新型农业经营主体高质高效发展，充分激发内生动力，不断提高市场竞争力。坚决反对只重数量、不重质量的面子工程；坚决避免一哄而上，搞运动式发展。（3）坚持联农带农，利益共享。既支持新型农业经营主体发展，也不忽视小农户尤其是贫困农户。重点支持和农民有紧密联系的、可让农民学习借鉴的、能带动农民增收致富的新型农业经营主体，有效发挥辐射带动作用，促进小农户与现代农业发展有机衔接。（4）坚持整合实施，统筹推进。鼓励各地统筹利用适度规模经营等政策支持资金，整合当地财政支农相关项目，优先支持新型农业经营主体发展，形成政策集聚效应，提高资金使用效益。

在新型农业经营主体培育支持内容方面，中央财政提出：（1）支持开展农产品初加工。支持农民合作社、家庭农场应用先进技术，提升绿色化标准化生产能力，开展农产品产地初加工、主食加工，建设清洗包装、冷藏保鲜、仓储烘干等设施。支持依托农业产业化龙头企业带动农民合作社和家庭农场，开展全产业链技术研发、集成中试、加工设施建设和技术装备改造升级。（2）提升产品质量安全水平。支持农民合作社、家庭农场、农业产业化联合体开展绿色食品、有机食品和地理标志农产品创建，建立完善投入品管理、档案记录、产品检测、合格证准出和质量追溯等制度，建设农产品质量安全检测相关设施设备，构建全程质量管理长效机制。支持奶农合作社和家庭牧场开展良种奶牛引进、饲草料生产、养殖设施设备升级及乳品加工和质量安全检测设施完善等。支持农业产业化龙头企业引领农民合作社、家庭农场开展质量管理控制体系认定和产品追溯系统建设。(3) 加强优质特色品牌创建。支持农民合作社、家庭农场、农业产业化联合体等新型农业经营主体加快培育优势特色农业,加强绿色优质特色农产品品牌创建,创响一批"独一份""特别特""好中优"的"乡字号""土字号"特色产品品牌。

新型农业经营主体培育财政支持对象及方式方面:(1) 支持对象一是农民合作社,支持县级以上农民合作社示范社及联合社,国家贫困县可放宽到规范运营的其他农民合作社。二是家庭农场,主要支持纳入农业农村部门家庭农场名录的家庭农场(家庭牧场),其中家庭农场重点支持土地经营规模相当于当地户均承包地面积10至15倍或务农收入相当于当地二三产业务工收入的农场;奶牛家庭牧场优先支持存栏量50至500头之间的中小规模牧场。三是农业产业化联合体,主要支持组织管理规范、联农带农机制完善、经济效益明显的联合体的内部成员。粮食类等大宗农产品生产的农民合作社、家庭农场等新型农业经营主体数量应占有一定比重。(2) 支持方式各地可根据实际,统筹利用中央财政农业生产发展资金中的适度规模经营资金以及自有财力等渠道予以支持。鼓励各地采取先建后补、以奖代补等方式,对农民合作社、家庭农场、农业产业化联合体等新型农业经营主体实施政策措施给予适当支持。其中,支持开展果蔬储藏窖、冷藏保鲜库及相关烘干设施建设,可参照以往农产品产地初加工政策补助标准;支持农业产业化联合体合作机制培育,由成员龙头企业牵头组织项目申报。各地要结合本地实际确定具体支持对象、支持标准和支持方式。政策实施可与农机购置补贴、优势特色主导产业发展、农村一二三产业融合发展、有机肥替代化肥等政策统筹实施。鼓励有

14."新型农业经营主体"让农业现代化更具坚实基础

条件的省份,以县为单位开展整体推进示范,集中投入支持。

在新型农业经营主体培育保障方面,中央财政提出的具体措施有:(1)强化政策组织领导。各省农业农村部门要会同财政部门制定具体实施方案,明确支持对象、任务目标及管理措施等。各省要深入推进示范合作社建设,打造高质量发展的示范样板;完善示范家庭农场评定标准,发展一批规模适度、生产集约、管理先进、效益明显的家庭农场;加强农业产业化联合体的示范创建、监测指导,创新发展模式,促进产业深度融合发展。(2)完善利益联结机制。各地要指导农民合作社、家庭农场、农业产业化联合体等新型农业经营主体,完善"保底收益+按股分红"、股份合作、订单农业等利益联结机制,组织带动小农户开展标准化生产,促进小农户与现代农业有机衔接,让更多农户分享乡村产业发展政策红利,特别是与贫困户尤其是"三区三州"等深度贫困地区贫困户精准对接,助力脱贫攻坚。中央财政直接补助农民合作社形成的资产要量化到农民合作社成员。(3)创新资金监管方式。各地要完善补助资金申报审批流程,严格申报主体的条件资质把关,确保补助资金发放公开公平公正。要创新信息化手段,运用农业农村部新型农业经营主体信息直报系统加强适度规模经营补助资金监管。要在直报系统中及时发布补助政策,让广大新型农业经营主体准确理解掌握政策内容和申报要求。获得适度规模经营资金补助支持的新型经营主体全部纳入直报系统认证管理,并及时填报支持内容、补助方式、补助金额等相关情况。鼓励各地探索补助资金从申请、审核、公示到发放的全过程线上管理。(4)加大宣传引导力度。各地要通过多渠道解读扶持农民合作社、家庭农场、农业产业化联合体等新型农业经营主体发展的政策内容，及时宣传各地好的做法和模式，使新型农业经营主体准确理解掌握政策内容，提升自身发展能力，提高辐射带动小农户发展的积极性和主动性；要加大对农民合作社示范社、示范家庭农场、农业产业化示范联合体等新型农业经营主体的宣传推介力度，让农民群众照着学、跟着干，营造推动新型农业经营主体发展的良好舆论氛围。

重点支持以家庭成员为主要劳动力家庭农场是及其农民合作社是基于目前我国农业生产经营的基本实际。家庭农场，通俗地说就是扩大版的农户。与雇工农业不同，家庭农场是以家庭成员为主要劳动力的农业生产经营单位，既是适度规模经营的典型表现形式，同时符合我国当前农业经营主体仍是小农户的生产现实。家庭农场作为新型职业农民载体一样体现农民主体性，同时最大限度地发挥农民的积极性和创造性，有效保护和实现农民的利益，是新时代激发农民新动能的有效组织形式。作为农业生产的基本单位，家庭农场虽存在诸多问题，但解决这些问题可以通过更高一级的合作社组织形式来实现。合作社组织"民办、民管、民收益"的性质能够进一步突出农民的主体位置，进一步激发了农民的合作意愿。农民朋友不再是匆匆看客。两类新型农业经营主体是现代农业组织的重要基础。小规模生产方式以及兼业农户的存在，在很大程度上抑制了农业合作的需求。作为新型职业农民载体的、适度规模的家庭农场的出现，不仅激活了农民对现代农业科技的需要，也培养了合作组织的需求，使合作社获得了发展的微观动力。目前，培育家庭农场需要突破两个障碍：一是土地流转障碍。要通过建立完善的土地退出机制，让种地的农户获得更多稳定的土地资源。二是人才流动障碍。破除一切对农民不合理的限制，形成城乡要素良性互动。合作社的提升不仅要以家庭农场为基础，还要注意与乡村社区的关系。乡村社区为基本单位的合作社符合中国的实际。人们通过互帮互助天然的信任与监督机制而形成合作关系，并通过共同的生产生活形成共同的利益纽带。而合作社的存在更有利于加固熟人社会的信任与合作传统，形成合作机制，并在合作社组织之间建立现代契约制度。这有利于实现合作社间的联合，避免合作社与乡村社区出现"两张皮"现象。家庭农场的一个重要特征在于其稳定性，只有土地关系稳定，农民才能有长远利益预期，产生保护耕地的动力，有发展绿色农业的愿望，农民才能积累丰富的农业经验，才能有更多"专业农民"的产生。党的十九大提出要稳定土地承包关系并长久不变，第二轮土地承包到期后再延长30年，给农民吃了一颗"定心丸"。不懂得稳定土地承包关系的重要性，土地承包关系总是变来变去，家庭农场及以家庭农场为基础建立的合作社组织，难以更好促进农业的可持续发展。目前，新型农业经营主体仍然处于成长的阶段，无论自身的能力还是素质，很多方面都还需要加强。一是对新型经营主体的风险保障不足问题。相对于普通农户来看，新型经营主体规模比较大，所以面临更大的自然风险、市场风险和质量安全风险。目前的保险保障水平还远远不能适应。二是农业配套设施建设滞后问题。新型主体需要集中连片的农田，对晾晒烘干、加工存储的机械设施需求更大更迫切。仅仅靠新型经营主体的自身投入面临不少难度，需要政府的资金及其税收政策支持。三是融资方面供需对接还不顺畅问题。虽然这些年来银行金融系统对扶持新型经营主体，在服务方式、服务内容和产品创新方面做了大量工作，采取了很多措施，但是由于新型农业经营主体缺乏有效抵押物重要原因，贷款难、贷款贵的问题依然比较突出。越是规模经营，越是新的主体，对金融特别是贷款的需求越大。

若从新型农业经营主体的功能定位来看，目前新型农业经营主体有家庭经营、合作经营、企业经营三种类型。但不管哪种类型，都要服务于现代农业发展的总体要求，在构建立体复合型新型农业经营体系的框架下，满足以下四个方面的要求：一是生产组织形式要符合农业内部不同产业的基本特征。粮棉油糖、蔬菜瓜果、畜禽水产不同产业的要素投入、生产技术和市场结构具有明显差别，需要根据产品和产业特征来选择生产组织形式。二是要有利于确保主要农产品有效供给。大国特征决定了我国农业必须立足国内生产，确保粮食安全和主要农产品有效供给，也相应决定了农业生产经营主体的选择应以有利于保障主要农产品有效供给为重要标准。三是要有助于提高农业国际竞争力。在农产品贸易逆差不断扩大、主要农产品价格已超过国际市场的情况下，新型农业经营主体的发展，必须能够适应不断开放的农产品市场环境，提升国际竞争中我国农产品品质水平。四是要体现出保护农民利益的规定性。在城乡差距尚未有效遏制、农民仍是弱势群体的情况下，各种新型农业经营主体的发展，必须有利于保护农民利益，带动农民增收致富，而不是与农民争利甚至是将广大农户"挤出"农村。具体来讲，家庭经营类新型农业经营主体在提升农业经营规模上显露出明显绩效。尽管与欧美相比仍属小规模经营，但在当前资源禀赋条件下，与传统小农户相比已有了脱胎换骨式的改变。家庭经营类新型主体集中了其他农户自愿流转的土地，对于优化农村资源配置作用积极。我国强调把农业经营规模控制

14. "新型农业经营主体"让农业现代化更具坚实基础

在"适度"范围内，避免经营者为追求经济效益最大而无限扩大经营规模。采用家庭劳动力为主的人员构成，为控制家庭经营类主体规模在"适度"范围提供了基础保障。家庭经营类新型主体更加有利于保障脱胎于普通农户的农民利益。其在农业上的优势主要体现于农产品生产过程特别是大田作物生产方面。家庭经营类新型农业经营主体是重点扶持的新型农业经营主体，支持其在大宗农产品生产、保障商品农产品供给的重要作用，特别是发挥其对小农户的示范带动效应。合作经营类新型农业经营主体同样是以家庭经营农户为基础，但通过农户的合作与联合主要承担着农业生产中经营中的农资采购，生产服务及其产品销售。它的最大好处是克服农户小规模经营面临的难题，农业经营主体的市场谈判地位有所增强，能够解决部分一家一户办不了、办不好、办起来不经济的问题，满足成员多样化、多类型的合作需求。与企业经营类组织相比，在按照合作制原则规范运作的前提下，合作经营类组织农户以组织化的方式获取农业产前、产后环节利益，并通过一定的利益分配机制在合作农户间共享，利益大部分留在了农户内部。企业经营类新型农业经营主体是资金、技术、人才等生产要素的集成者。企业类组织在产前的种苗供给、农资产销，产后的农产品加工、流通等环节具备比较优势，而且在通过"龙头企业＋合作社＋农户"，"龙头企业＋基地＋农户"建立有效利益分配机制的情况下，还能整合农业产业链条，提升农户在农业价值链中的地位。从农业产业的领域看，在有机农业、设施农业和受天气影响较小的规模化、集约型养殖中，公司经营相对于家庭经营的优势日益凸显。近年来各类企业组织纷纷抢滩进驻生猪养殖，推动了生猪养殖向规模化方向发展。但总体上看，企业经营类新型农业经营主体在农业特别是农业生产领域的决定性优势是工商企业尚无法根本替代的。在劳动力价格相对较高和监督相对较难的不利条件之下,资本下乡在中国仍然不是雇工经营的方式,而主要是"商业公司+小规模农户"的模式。企业经营类新型农业经营主体适宜采取企业经营模式的农产品加工和流通,以及受自然条件影响较小的农产品生产。

我国农业的特点决定了我国农业经营组织主体的选择,不仅需要考虑保障农产品供给的单一经济产出目标,还要考虑农户生计、生态环境保护、生产者与消费者关系,乃至工业化、城镇化、市场化、国际化这样的宏观背景。具体来看,新型农业经营主体的选择,需重点考虑处理好以下三个方面的重大问题:一是加强对新型农业经营主体发展方向的引导和规制。根据构建新型农业经营体系的要求和不同类型新型农业经营主体的组织特征,引导和调控好新型农业经营主体的发展方向。以家庭经营类主体作为新型农业经营体系的基本力量,强化对家庭农场的扶持,同时以合作类组织作为新型农业经营体系的支撑力量,使合作类新型主体成为克服家庭经营类组织局限性,实现农业现代化的纽带和桥梁。二是引导不同类型新型农业经营主体之间建立良性互动关系。不同类型新型农业经营主体之间并非截然独立,更非相互排斥,而是相互关联、互为补充的关系。家庭经营类组织是新型农业经营体系的"原子",既可以发起组织或参加合作社,也可以将一部分生产性服务外包给合作社或农业企业。农业企业可以直接创办或者加入合作组织,通过"农业企业+合作社+家庭经营组织"、"农业企业+基地+家庭经营组织"、"农业企业+家庭经营组织"等多种形式实现农业一体化发展,构建起紧密、平衡的利益联结和分配机制,共同组成立体式复合型新型农业经营体系。三是采取普惠性与特惠性相结合的新型农业经营主体扶持政策。针对新型农业经营主体面临的共性问题,出台农业补贴、农业保险、农业信贷、农业用地等方面的普惠性扶持政策,促进其做大做强。针对不同类型新型农业经营主体的特殊需求,出台特惠性扶持政策。对专业大户和家庭农场等家庭经营类主体,重点帮助其解决土地流转、设施用地、流动资金、风险保障等突出问题;着力培育社会化服务组织,为家庭经营类主体提供生产性服务。对农民合作社等合作类经营主体,重点引导加强规范化建设,把扶持政策和合作社是否规范相挂钩,引导合作社健全运行机制。要探索工商企业租种耕地的准入监管办法,提出鼓励和限制工商企业进入农业的领域,探索工商企业经营风险、土地用途的具体办法。既要有效控制"非农化"现象,也要避免束缚企业发展活力。

15. "耕地轮作休耕"不仅仅是让耕地歇一歇、让生态喘口气的问题

2019年3月13日农业农村部网站发布消息称：今年中央财政支持轮作休耕试点面积为3000万亩。在3000万亩轮作休耕试点中，轮作面积为2500万亩，比去年增加500万亩，休耕面积为500万亩，比去年增加100万亩。轮作休耕，是耕作制度或称农作制度的一种类型或模式。其中，轮作是指在同一田块上不同年度间有顺序地轮换种植不同作物或以复种方式进行的种植方式，如一年一熟的"大豆—小麦—玉米"三年期轮作方式，这是在年间进行的单一作物的轮作；在一年多熟条件下，既有年间的轮作，也有年内的换茬，如南方的"绿肥—水稻—水稻""油菜—水稻—水稻""小麦—水稻—水稻"轮作方式，这种轮作由不同的复种方式组成，因此，也称为复种轮作。轮作制度是指在一个地区，在一定时期或者周期内，由多种轮作方式相互组合配套而形成的某个地区的耕作准则或者规定，是用地养地相结合的一种生物学措施。实行合理的轮作、建立合理的轮作制度，具有显著的经济效益、生态效益和社会效益。休耕亦称作休闲，是指耕地在可种作物的季节只耕不种或不耕不种的方式。在农业生产上，耕地进行休闲的主要

15. "耕地轮作休耕"不仅仅是让耕地歇一歇、让生态喘口气的问题

是使耕地得到休养生息，以减少水分、养分的消耗，并积蓄雨水，消灭杂草，促进土壤潜在养分转化，为以后作物生长创造良好的土壤环境和条件。根据休耕时间长短，可将休耕分为季节性休耕、全年休耕和轮作休耕。季节性休耕指耕地在一年中某个季节休闲，如冬闲、秋闲或夏闲；全年休耕指耕地整年休闲；轮作休耕是指将作物轮作与耕地休耕结合起来，即耕地在轮作周期（3~5年，3~5个田区）内各个田区依次轮流休闲。目前，耕地轮作休耕试点地区重点在地下水漏斗区、重金属污染区、生态严重退化地区开展试点，并安排一定面积的耕地用于休耕，对休耕农民给予必要的粮食或现金补助。

美国的耕地休耕制度产生于20世纪30年代，1933年开始将耕地休耕作为一项基本的农业政策，主要目标是解决粮食过剩问题和改善生态环境。为防治水土流失、提高农业生产力和保护自然资源环境，1933年美国内政部建立土壤侵蚀服务所（1935年更名土壤保护服务所），全面开展土地退耕和保护研究，同年，相继出台多项法案，把土地休耕提升到制度层面。1956年，美国联邦政府启动土地银行项目，在休耕农地上种植保护性植被，休耕期限以短期休耕控制产量，以长期休耕保持水土。从1961年开始，美国政府规定农场主至少要休耕20%的土地。1985年通过的土地保护储备计划是美国历史上土壤休耕保护规模最大的计划之一。之后陆续出台了一些适用不同场合的土地休耕计划，如湿地储备计划、农地保护储备加强计划，建立了体系化的休耕制度。至2015年，美国三大农业资源与环境保护计划——土地保护储备计划、环境质量改进计划和保育强化计划分别投入资金19.8亿美元、13.6亿美元和14.3亿美元。美国推行土地保护储备计划（CRP）其目

的是保护生态环境和控制粮食产量。美国根据环境脆弱程度划分具体休耕政策的适用范围，在确保粮食安全的前提下取得了明显的环境治理成效。该项目至今已经实施了 30 多年。美国农业部农场服务局报告显示，2012 年共有 11.95 万平方千米耕地加入此计划，需要支付租金补贴为 16.94 亿美元。该项目的主要目的在于控制水土流失、改善水质和保护生态环境的同时，缓解农产品过剩带来的压力。受到粮价上涨因素的刺激，农场主参与休耕的意愿也是逐渐降低，导致巨额的休耕补贴给政府带来沉重的财政负担。因此，美国目标休耕面积上限一直在进行调整，从 2007 年 14.89 万平方千米下降至 2015 年的 10.52 万平方千米。美国 CRP 涉及联邦政府、州政府和土地所有者。联邦政府承担制度设计、资金筹备和组织实施等任务。其中，制度设计由国会授权农业部研究建立土壤侵蚀、保护、休耕等方面的制度框架；资金筹备则是由商品信用公司（CCC）提供，支付每年的土地休耕补偿，并在农场经营者和政府协商的基础上签订 10 年～15 年的土地休耕合同；组织实施包括制定实施计划的全部政策、管理招投标、选择补偿农民的租金和保护措施的成本及其支付，由农田服务局（FSA）负责。州政府负责土地休耕保护计划的具体实施和监督，并联合州技术委员会（STC）的自然资源保护服务人员、农田服务局的行政长官、驻州的联邦机构代表以及州农业、林业、渔业与野生动物保护机构的代表为土地休耕计划的规划和执行提供指南和指导。土地所有者和农场经营者主要负责提供特定农业土地的休耕参与保护储备计划，协助州政府确定符合休耕条件的土地数量和位置。由于 CRP 的经济和环保效益显著，1995 年美国开始实行自愿性注册。农民在一定申请期内自愿向政府提出休耕申请,说明自己要求纳入 CRP 的农地类型、面积、期望的单位面积土地补贴水平及休耕计划。农业部则负责根据当地土地相对生产率和租金价格确定每一类土地的单位年最高补贴金额,并按照一定的标准筛选、审批申请,但每个县不超过 25% 可纳入 CRP。CRP 对休耕数量做了严格要求,至于休耕后的利用方式,则完全由农场主自行决定。同时,为防止休耕对经济产生冲击,美国农业部要求每个县的休耕面积不得超过该县总耕地面积的 25%。美国休耕项目分为一般申请和不间断申请两种。一般申请需要自愿参与的农户需要在规定的时间内提交申请并需要投标,说明拟休耕土地的类型、耕作史、生产力水平,土壤侵蚀程度以及期望的土地补贴水平、休耕地管理计划。受理申请后,美国农业部根据环境效益指数(EBI),衡量申请地块的潜在环境收益和成本,将最具有成本效益的环境脆弱型土地纳入休耕计划。提交申请的农户经审核批准后,可与农业部签订 10 年~15 年的休耕合同,并按批准的面积和双方同意的年土地租金标准,享受土地租金补贴。如果农民在休耕的土地上种植植被,可获得不超过 50% 的成本补贴。不间断申请没有特定的申请时间限制,不需要投标。只要符合项目条件和保护标准都可以参加。项目目标主要针对环境敏感性强或容易遭受侵蚀威胁的土地,如河流和农田缓冲区及防风林。与一般申请类似,不间断申请需要承担的休耕期是 10 年~15 年,休耕地上种植植被可享受成本分摊补助。此外,还可以申请一些额外的奖励,其补贴要高于一般申请形式中的补贴水平。2014 年 7 月,共有 2.33 万平方千米土地通过不间断申请形式进入休耕计划。休耕合同到期后,不论是以哪种申请方式参与的休耕项目,申请者可自由选择退出休耕计划或者续签休耕合同。农民签订休耕合同后，若提前终止合同将会受到惩罚，需要返还所有的补贴并缴纳罚款。在美国，参与休耕的土地主要集中在中部大平原及西部山区，种草是最为经济可行的耕地保护措施。休耕还草的耕地比例较大，约占87%。从农户的项目参与意愿来看，年迈的农民及非农职业的土地所有者参与意愿较高，因为不仅可以节约劳动力投入成本，还可以获得相对稳定的补贴收入。美国土地休耕项目的环境成效明显。自1986年CRP项目实施以来，美国减少水土流失超过了80亿吨，生态环境得到有效改善。

与美国有所不同的是，日本是为了保护粮食价格而休耕减产。日本政府为了保证大米的自给率，通过休耕转作降低水稻种植面积、减少产量，保护大米高价格并保障稻农利益。20世纪60年代开始，日本开始出现的水稻生产过剩问题。日本政府于1970年实施稻田休耕转作项目，旨在通过控制种植面积减少水稻产量，并结合价格补贴和进口关税门槛等政策手段维持国内水稻价格的高位态势，从而保障农户收入。日本采取的农业高补贴政策，不断受到世贸组织的指责。为适应WTO农业协定的要求，通过鼓励农业规模化经营提高水稻的市场竞争力，从而减少政府的补贴支出，2007年日本对农业补贴政策进行了调整：一方面，将稻田休耕转作项目从强制性项目调整为自愿性项目；另一方面，微调了补贴结构，主要根据作物产量提供相应的直接补贴。可以说，这一过程中日本政府以减少耕种面积维持水稻高价格的目标，未曾发生改变。日本政府每年用于休耕转作补贴的财政支出约为2000亿日元，耕地休耕率约为10%。日本1995年的主粮法首次将休耕写入法案，并让农户自己决定是否参与休耕项目。但在实施过程中，日本

15. "耕地轮作休耕"不仅仅是让耕地歇一歇、让生态喘口气的问题

农林渔业部和农业合作社要求所有农户都参与休耕项目,以村庄而非农户个体为单位下派稻田转作的任务。在稻田休耕转作项目中,农户如将水稻改种其他作物,可以根据转耕的土地面积以及所种作物不同获得相应的补贴。补贴数额每年都有所调整,资金主要来源于国家预算。为了提高农业生产力,促进农业的联合经营,直接补贴对象主要为拥有耕地面积 0.04 平方千米以上的个体农户,以及耕地面积超过 0.2 平方千米以上的农业组织。实施稻田休耕转作项目,给日本农业规模化发展带来一定影响。这是因为日本农业政策的主要特征就是,以提高国内水稻价格保障农户收入,而非让农民通过扩大生产规模提高生产力,降低耕种成本。日本农户大部分都是兼业农户,非农收入较高,补贴较多。农户收入的 60% 主要来源于农业补贴,很多兼业农户不愿意退出农业生产。这导致希望参与农业生产的人难以获得土地资源,小地块难以规模化,因此也影响了农业市场竞争力的提高。而且,日本政府对大米的补贴和保护过重,价格处于高位态势,导致大米过剩而其他农产品自给率迅速下降等不合理现象。有学者认为,日本政府应该取消水稻转作项目,水稻价格的降低可以让低效率生产的农户退出,全职农户才有可能获得更多土地,进而提高日本农产品的市场竞争力。同时,稻田休耕转作项目也在一定程度上影响了粮食安全。1969 年,日本的耕地面积为 3.44 万平方千米。1970 年,稻田休耕转作项目开始后,日本的耕地面积一直呈减少趋势。日本从 1971 年起实施休耕项目作为粮食供给控制手段,多数年份休耕农田面积在 50 万公顷以上。1993 年,乌拉圭回合的农业协定将农田休耕作为一项环境手段,随后,日本的休耕制度更加注重生态环境保护,总休耕面积占到总耕地面积的

64.6%，其中，永久性休耕面积占休耕总面积的2.6%。日本休耕受到耕地规模、质量、耕作条件等多种条件限制。近年来，日本的农业发展面临着极度萎缩的困境，粮食自给率持续低迷，农业人口老龄化问题也日趋严重，2010年日本农民的平均年龄为65.8岁。稻田休耕转作项目给日本带来土地抛荒现象的出现，生态安全问题突显。日本山区耕地面积占全国耕地面积的40%，山区抛荒现象严重，农业多功能性降低。稻田面积减少意味着农田水保持能力下降。1990年—2004年，日本稻田的耕种面积减少了17%，农田水保持能力下降了15%，增加了洪水和水土流失的风险性。为此，日本政府于2000年出台了针对山区、半山区地区农户的直接支付补贴，接受补贴的农户需要连续耕种5年，并采取措施防止耕地出现水土流失，保护生物多样性。2010年，日本弃耕总面积39.6万公顷，休耕率10.6%。

休耕项目是欧盟农业政策的重要组成部分。2000年，欧盟将休耕面积比例固定为10%，但可根据粮食供需状况进行动态调整，如2003年因为粮价热浪袭击，欧盟将2004年—2005年度的休耕比例降为5%；2006年由于国际粮食紧张，则通过了在2007年秋季至2008年春季期间将欧盟境内土地休耕率由过去的10%降至零的决议。粮食紧张缓解后，休耕政策再度实行。欧盟主要根据世界粮食市场供需情况决定是否推行强制性休耕，休耕政策对欧盟成员国的影响也非常多元化。20世纪80年代以前，欧盟的价格支持导致农产品大量过剩和农户收入下降。1988年，欧盟推出为期5年的自愿休耕项目，旨在控制并减少粮食生产和预算支出，但自愿休耕推行率较低。20世纪90年代初期，以美国为首的主要农产品出口国，

15. "耕地轮作休耕"不仅仅是让耕地歇一歇、让生态喘口气的问题

对欧盟每年高达 100 亿欧元的出口补贴额提出强烈批评，认为该政策扭曲了世界农产品市场价格。1992 年，欧盟启动"麦克萨里改革"，将休耕作为欧盟减少粮食产量的强制手段全面推广。鼓励农民实行休耕，以降低农业生产对环境的损害，调控粮食供给总量和实现市场平衡。1999 年，欧盟"2000 年议程"提出构建欧洲农业发展模式，对农业政策进行更为彻底的改革。农产品的价格补贴被大幅削减，强制性休耕率基本维持在 10% 水平，休耕补贴由各成员国政府出资。2007 年，欧盟的强制休耕地面积大有 3.7 万平方千米，其中德国的休耕面积最大。2009 年起取消了强制性休耕制度，采取了自愿休耕计划。欧盟的休耕率主要根据粮食生产和市场供应的变化作出调整，平均休耕面积占总耕地面积的 10% 左右。1988 年，欧盟自愿休耕项目中，参与的农户至少要休耕 15% 的耕地才能获得补贴。1992 年"麦克萨里改革"推动的强制性休耕主要针对的是接受价格补贴，且粮食谷物作物产量超过 92 吨的农户，必须休耕至少 15% 的耕地。粮食产量低于 92 吨的小农户没有强制性休耕义务，但可以自愿休耕。无论农场规模，自愿休耕的面积不限，但享受休耕补贴的上限为耕地总面积的 33%，超过部分不予补贴。休耕的最小地块面积为 0.003 平方千米。休耕补贴数额根据休耕面积，按照旱地谷物的平均产量乘以每吨的补贴价格，补贴价格每年根据粮食市场变化情况进行调整。休耕的方式分为轮换休耕和非轮换休耕，农户可选择在同一块土地上进行长期休耕，也可以在不同地块之间轮换休耕。但是，农户必须在县农业局上报种植情况和补贴申请，若申报中存在不遵守规定的行为，将对其实行惩罚措施。如虚假超报面积，将按照超报面积的双倍削减补贴面积或取消补贴资

格。欧盟土地休耕取得了积极的环境效益，但在个别地区也存在问题。在西班牙中部，完全休耕反而导致当地水土流失问题更加严重。而为了维持休耕带来的环境效益，从 2003 年开始，欧盟补贴政策模式转变，从粮食控制转向环境保护，将环境保护与农业补贴相结合，提出强制性交叉遵守机制。2013 年，欧盟通过了新一轮的共同农业政策改革，新增了强制性绿色补贴，即将农业补贴与环境保护的强制性要求挂钩。受休耕政策影响，欧盟的农场结构出现了变化，小农场变少，中等规模农场数量增加。农户休耕多的是地力较差的耕地，同时未休耕耕地生产的集约化程度提高。参与休耕有利于农户节约生产投入成本，降低劳动力雇佣费用，提高应对市场变化的灵活性。同时，老年人和缺少劳动力的家庭，以及有其他非农收入来源的农户，更愿意参与休耕。

  欧美日轮作休耕制度实践对我们的主要启示有：（1）在确保粮食安全需要条件下确定轮作休耕规模。影响轮作休耕规模的因素包括人口规模、人均粮食消费、种植结构、食物结构、农业科技进步等，确定轮作休耕规模是一个难度很大的技术性问题。如果休耕规模太小，耕地就得不到休养生息的机会；如果生态敏感区、生态脆弱区的耕地都应休耕，但休耕规模太大又会影响粮食安全，国家必须在总量上对休耕规模进行控制。日本和欧美国家都是在口粮安全的前提下实行休耕。中国虽然粮食总产量实现了多年连增，但考虑到庞大的人口规模以及粮食价格、国内外市场的不确定性，要有粮食安全红线的强烈意识。（2）结合区域农业资源禀赋和生态环境特点选择轮作休耕的区域。中国大陆地域辽阔，区域类型多样，自然禀赋、土地利用、经济发展差异明显，实行轮作休耕在区域层

15. "耕地轮作休耕"不仅仅是让耕地歇一歇、让生态喘口气的问题

面,应基于各自的问题导向、资源本底和农田种植特征,设计差异化的休耕模式。在生态脆弱区,应推动以保护和改善农业生态环境为优先目标;在粮食主产区,应以调控农业产能为主导目标。如在地下水漏斗区应探索实施节水保水型休耕模式,减少耗水量大的作物的种植面积,使地下水位得到逐渐回复;在重金属污染区应探索实施清洁去污型休耕模式,通过采取生物、化学等措施将重金属污染物从耕地中提取出来;生态严重退化区应探索实行生态修复型休耕模式,使生态系统结构与功能得到恢复。(3)轮作休耕制度必须与中国农地基本制度及农地利用基本特征相适应。中国正在实施的农村土地"三权分置"改革也使得轮作休耕所处的制度环境更为复杂,利益主体涉及政府、村集体、外出务工农户、兼业农户以及各类新型农业经营主体。科学确定这些利益主体相互利益关系,对顺利实施轮作休耕制度至关重要。尤其是尊重农户的主体位置,激发专业大户、家庭农场、农业合作社新型经营主体的积极性。(4)以收益平衡和保障农户生计为基础建立和完善补偿标准。轮作补助要与不同作物的收益平衡点相衔接,互动调整;休耕补助要与原有的种植收益相当。补偿机制应该主要考虑农户的利益平衡和生计,调动各类新型经营主体的积极性。(5)建立健全轮作休耕监测监管体系。在休耕试点区域加快土壤环境监测能力建设,建立土壤环境信息管理系统;对休耕地利用状况、水土流失、生物量、重金属含量等各类生态环境指标进行实时监测,为耕地资源生态环境保护和产能提升评价提供数据支撑;防止休耕农户为了增加粮食而开发利用新的土地,造成新的环境破坏;建立完善处罚机制,对签订了休耕协议却不履行休耕责任的农户进行惩戒。

其实，中国大约有 2000 多年的轮休耕作历史，北魏《齐民要术》一书中有"谷田必须岁易"、"麻欲得良田，不用故墟"、"凡谷田，绿豆、小豆底为上，麻、黍、故麻次之，芜菁、大豆为下"的重要记载。

改革开放后轮作休耕试点工作始于 2016 年。党的十八届五中全会提出，利用现阶段国内外市场粮食供给充裕的时机，在部分地区实行耕地轮作休耕，既有利于耕地休养生息和农业可持续发展，又有利于平衡粮食供求矛盾、稳定农民收入、减轻财政压力。2016 年《政府工作报告》和中央一号文件都对探索实行耕地轮作休耕制度试点提出了明确要求。在湖南重金属污染区和河北地下水漏斗区开展综合治理试点，积累了一定的农业资源环境保护经验。国内粮食库存增加较多，国内外市场粮价倒挂明显，开展耕地轮作休耕制度试点，具备较好的条件，农民也易于接受。按照中央的部署，2015 年 11 月以来，农业部在深入调研、听取基层干部和农民意见、召开专家座谈会的基础上，研究起草了《方案》征求意见稿，会同中央农办、发展改革委、财政部、国土资源部、环境保护部、水利部、食品药品监管总局、林业局、法制办、粮食局等部门和单位对《方案》多次修改完善。2016 年 5 月 20 日，中央全面深化改革领导小组第二十四次会议审议通过了探索实行耕地轮作休耕制度试点方案》。强调在部分地区探索实行耕地轮作休耕制度试点，既有利于耕地休养生息和农业可持续发展，又有利于平衡粮食供求矛盾、稳定农民收入。要在坚守耕地保护红线、保障国家粮食安全、不影响农民收入前提下，在有关地区开展轮作试点和休耕试点。要建立利益补偿机制，稳定农民收益。从长远来看，开展耕地的轮作休耕试点，本质上是想推动

15. "耕地轮作休耕"不仅仅是让耕地歇一歇、让生态喘口气的问题

农业的绿色发展,是农业生产经营制度的创新,使农业能够更好地实现可持续发展,使农业资源得到更合理的利用,使农业的生产能力得到更科学的保护乃至提高。同时,谷物基本自给、口粮基本安全是政府的底线,目前不能突破,怎么处理好这些关系要进行一些试点,建立一种制度。在农业长足发展、粮食供给有了基本保证的基础上,让复种的耕地轮着歇一歇,让负重过大的环境喘口气也有必要。特别是多年来农业的发展和进步,粮食生产能力达到很高的水平,中国的吃饭问题有了很好的保障,给国内休耕轮作提供了重要机会。《中共中央关于制定国民经济和社会发展第十三个五年规划的建议》中,对"十三五"时期全面节约和高效利用资源方面明确提出了"探索实行耕地轮作休耕制度试点"的要求。农业部确定将2017年耕地轮作休耕试点面积扩大到1200万亩。其中轮作面积1000万亩、休耕面积200万亩,试点区域原则上保持相对稳定,承担试点任务地块一定3年不变。在试点区域和技术路径方面,轮作试点区域重点在东北冷凉区、北方农牧交错区。技术路径是推广"一主四辅"种植模式。"一主"是指实行玉米与大豆轮作,发挥大豆根瘤固氮养地作用,提高土壤肥力,增加优质食用大豆供给。"四辅"是指实行玉米与马铃薯等薯类轮作,改变重迎茬,减轻土传病虫害,改善土壤物理和养分结构;实行籽粒玉米与青贮玉米、苜蓿、草木樨、黑麦草、饲用油菜等饲草作物轮作,以养带种、以种促养,满足草食畜牧业发展需要;实行玉米与谷子、高粱、燕麦、红小豆等耐旱耐瘠薄的杂粮杂豆轮作,减少灌溉用水,满足多元化消费需求;实行玉米与花生、向日葵、油用牡丹等油料作物轮作,增加食用植物油供给。休耕重点在地下水漏斗区、重金属污染区和生

态严重退化地区。其中，地下水漏斗区试点区域主要在严重干旱缺水的河北省黑龙港地下水漏斗区（沧州、衡水、邢台等地）；技术路径是对连续多年实施季节性休耕，实行"一季休耕、一季雨养"，将需抽水灌溉的冬小麦休耕，只种植雨热同季的春玉米、马铃薯和耐旱耐瘠薄的杂粮杂豆，减少地下水用量。重金属污染区试点区域主要在湖南省长株潭重金属超标的重度污染区。在调查评价的基础上，对可以确定污染责任主体的，由污染者履行修复治理义务，提供修复资金和休耕补助。对无法确定污染责任主体的，由地方政府组织开展污染治理修复，并纳入休耕试点范围；技术路径是采取在建立防护隔离带、阻控污染源的同时，采取施用石灰、翻耕、种植绿肥等农艺措施，以及生物移除、土壤重金属钝化等措施，修复治理污染耕地。连续多年实施休耕，休耕期间，优先种植生物量高、吸收积累作用强的植物，不改变耕地性质。经检验达标前，严禁种植食用农产品。生态严重退化地区试点区域主要在西南石漠化区（贵州省、云南省）、西北生态严重退化地区（甘肃省）；技术路径是采取调整种植结构，改种防风固沙、涵养水分、保护耕作层的植物，同时减少农事活动，促进生态环境改善。在西南石漠化区，选择25度以下坡耕地和瘠薄地的两季作物区，连续休耕3年。在西北生态严重退化地区，选择干旱缺水、土壤沙化、盐渍化严重的一季作物区，连续休耕3年。轮作补助标准实行与不同作物的收益平衡点相衔接，互动调整，保证农民种植收益不降低。2016年中央财政安排补助资金14.36亿元，其中轮作补助资金7.5亿元，休耕补助资金6.86亿元。结合实施东北冷凉区、北方农牧交错区等地玉米结构调整，按照每年每亩150元的标准安排补助资金，支持开

15. "耕地轮作休耕"不仅仅是让耕地歇一歇、让生态喘口气的问题

展轮作试点。休耕补助标准实行与原有的种植收益相当，不影响农民收入。河北省黑龙港地下水漏斗区季节性休耕试点每年每亩补助500元，湖南省长株潭重金属污染区全年休耕试点每年每亩补助1300元（含治理费用），所需资金从现有项目中统筹解决。贵州省和云南省两季作物区全年休耕试点每年每亩补助1000元，甘肃省一季作物区全年休耕试点每年每亩补助800元。中央财政将补助资金分配到省，由省里按照试点任务统筹安排，因地制宜采取直接发放现金或折粮实物补助的方式，落实到县乡，兑现到农户。允许试点地区在平均补助水平不变的前提下，根据试点目标和实际工作需要，建立对农户实施轮作休耕效果的评价标准和体系，以评价结果为重要依据实行保基本、重实效的补助发放制度。

开展耕地轮作休耕制度试点，是主动应对生态资源压力、转变农业发展方式、促进可持续发展的重大举措。其意义体现在以下三个方面：一是巩固提升粮食产能的需要。我国有悠久的轮作种植传统，将禾谷类作物与豆类作物、旱地作物与水田作物等轮换种植，可以调节土壤理化性状、改良土壤生态；休耕是让耕地休养生息，实现用地养地相结合，保护和提升地力，增强粮食和农业发展后劲。二是促进农业可持续发展的需要。多年来，在农产品供给的压力下，耕地地力消耗过大，地下水开采过度，化肥农药大量使用，农业资源环境已不堪重负。通过耕地轮作休耕，减轻开发利用强度、减少化肥农药投入，利于农业面源污染修复，缓解生态环境压力，促进农业可持续发展。三是提高农业质量效益竞争力的需要。当前，我国农业大而不强、多而不优、竞争力弱的问题日益凸显，迫切需要推进农业供给侧结构性改革，促进农业转型升级。通过耕地

轮作休耕，节约高效利用资源，调整优化种植结构，增加紧缺农产品供给，满足多元化消费需求，全面提升农业供给体系的质量和效率。

开展耕地轮作休耕制度，要遵循以下几个原则：一是巩固提升产能，保障粮食安全。坚守耕地保护红线，提升耕地质量，确保谷物基本自给、口粮绝对安全。对休耕地采取保护性措施，休耕期间采取土壤改良、培肥地力、污染修复等措施，同时加强对休耕地监管，禁止弃耕、严禁废耕。二是加强政策引导，稳定农民收益。鼓励农民以市场为导向，调整优化种植结构，拓宽就业增收渠道。强化政策扶持，建立利益补偿机制，对承担轮作休耕任务农户的原有种植作物收益和土地管护投入给予必要补助，确保试点不影响农民收入。三是突出问题导向，分区分类施策。以资源约束紧、生态保护压力大的地区为重点，防治结合、以防为主，因地制宜、突出重点，与地下水漏斗区、重金属污染区综合治理和生态退耕等相关规划衔接，统筹协调推进。四是尊重农民意愿，稳妥有序实施。我国生态类型多样、地区差异大，耕地轮作休耕情况复杂，要充分尊重农民意愿，发挥其主观能动性，不搞强迫命令、不搞"一刀切"。鼓励以乡、村为单元，集中连片推进，确保有成效、可持续。

在实施区域上：轮作主要在东北冷凉区、北方农牧交错区等地开展试点，休耕主要在地下水漏斗区、重金属污染区、生态严重退化地区开展试点。在试点目标上：轮作面积500万亩，其中黑龙江250万亩、内蒙古100万亩、吉林100万亩、辽宁50万亩；休耕116万亩，其中河北省黑龙港地下水漏斗区季节性休耕100万亩，湖南省长株潭重金属污染区连年休耕

15. "耕地轮作休耕"不仅仅是让耕地歇一歇、让生态喘口气的问题

10万亩,贵州省和云南省石漠化区连年休耕4万亩,甘肃省生态严重退化地区连年休耕2万亩。力争用3~5年时间,初步建立耕地轮作休耕组织方式和政策体系,集成推广种地养地和综合治理相结合的生产技术模式,探索形成轮作休耕与调节粮食等主要农产品供求余缺的互动关系。2017年中央财政安排资金25.6亿元支持试点。

2018年,我国实施轮作休耕制度试点规模超过3000万亩,比2017年增加了1800万亩。其中黑龙江省耕地轮作休耕试点面积1490万亩,江苏省实施轮作休耕125万亩。今年我国将深入推进轮作休耕试点,规模保持在3000万亩以上。新增的500万亩轮作区域集中在长江流域,新增的100万亩休耕区域主要在黑龙江省地下水超采区。东北地区三年试点到期的区域将退出中央财政支持范围。力争到2020年轮作休耕面积达到5000万亩以上。

从耕地轮作休耕制度试点取得积极成效看,2016年轮作休耕试点面积616万亩,主要在内蒙古、辽宁、吉林、黑龙江、河北、湖南、贵州、云南、甘肃9个省(区)实施。2017年轮作休耕试点面积1200万亩,试点省份不变。两年来,轮作休耕试点的内涵不断丰富、路径逐步清晰,取得了积极成效。

(1) 技术模式成熟适用,生态效应初步显现。主要体现在两个方面:一个是,生产与生态相协调。冷凉区建立了"三三轮作"模式,重金属污染区和生态严重退化地区建立了"控害养地培肥"模式,地下水漏斗区建立了"一季雨养一季休耕"模式。河北省200万亩季节性休耕,年压采地下水3.6亿立方米。另一个是,适区与适种相一致。选择豆科、茄科、

禾本科等养分利用互补、病虫发生规律不同的作物进行搭配，提高光温水利用效率，减少病虫危害损失。吉林东部山区轮作大豆后，化肥使用量减少30%以上、农药使用量减少50%左右。

（2）产业结构趋于优化，经济效应初步显现。主要体现在"三增"：一是作物产量增加。通过作物间的轮作倒茬和季节性休耕，给下茬作物提供了良好的地力基础和充足的生长发育时间，提高了产量、改善了品质。河北小麦冬季休耕后，将一年两熟夏玉米改为晚播春玉米或早夏播玉米，亩产提高10%以上。二是有效供给增加。在轮作休耕带动下，两年全国调减籽粒玉米5000万亩，增加大豆1900多万亩，增加杂粮500多万亩。三是农民收入增加。比如，黑龙江省海伦市轮作种植富硒、高蛋白大豆40多万亩，通过精深加工转化，成为农民增收、财政增税的"金豆子"。

（3）管理方式规范有效，监督手段初步建立。种植面积变化"天眼"察。采用卫星遥感技术，对轮作休耕区域进行遥感监测，轮在哪里、休在哪里，轮了多少、休了多少，一扫就知、一目了然。耕地质量变化"地网"测。针对轮作休耕区土壤类型和集中连片情况，按照"大片万亩、小片千亩"的原则，科学布置近800个土壤监测网点，定点跟踪耕地质量和肥力变化，为客观评估轮作休耕成效提供依据。

《农业农村部 财政部关于做好2019年耕地轮作休耕制度试点工作的通知》中，提出2019年耕地轮作休耕制度试点任务是实施耕地轮作休耕制度试点面积3000万亩。其中，轮作试点面积2500万亩，主要在东北冷凉区、北方农牧交错区、黄淮海地区和长江流域的大豆、花生、油菜产区实施；休耕试

15. "耕地轮作休耕"不仅仅是让耕地歇一歇、让生态喘口气的问题

点面积500万亩，主要在地下水超采区、重金属污染区、西南石漠化区、西北生态严重退化地区实施。实现轮作区技术路径是：（1）东北冷凉区和北方农牧交错区。在内蒙古、辽宁、吉林、黑龙江推广"一主多辅"种植模式，以玉米与大豆轮作为主，与杂粮杂豆、薯类、饲草、油料等作物轮作为辅，形成合理的轮作模式，基本改变以玉米为主的连作、重迎茬状况。（2）黄淮海地区。在安徽、山东、河南及江苏北部推行玉米改种大豆为主，兼顾花生、油菜等油料作物，增加市场紧缺的大豆、油料供给。在河北推行马铃薯与胡麻、杂粮杂豆等作物轮作，改善土壤理化性状，减轻连作障碍。（3）长江流域。在江苏、江西小麦稻谷低质低效区实行稻油、稻菜、稻肥等轮作，改良土壤，提高地力，减少无效供给，增加有效供给。在湖北、湖南、四川大力开发冬闲田扩种油菜（湖南轮作不能在长株潭重金属重度污染区实施），同时在四川推广玉米大豆轮作或间套作，努力增加油菜和大豆供给。实现休耕区技术路径是：（1）河北地下水漏斗区。连续多年实施季节性休耕，实行"一季休耕、一季种植"，将需抽水灌溉的冬小麦休耕，只种植雨热同季的玉米、油料、棉花和耐旱耐瘠薄的杂粮杂豆等，减少地下水用量。休耕期间鼓励种植绿肥，减少地表裸露，培肥地力。（2）黑龙江寒地井灌稻地下水超采区。重点在黑龙江三江平原地下水明显下降的井灌稻区开展休耕试点。休耕期间深耕深松、鼓励种植苜蓿或油菜等肥田养地作物，提升耕地质量，力争地下水下降势头得到有效遏制，粳稻过剩状况得到改善。（3）新疆塔里木河流域地下水超采区。重点在严重缺水、盐渍化严重的南疆塔里木河流域实施，将耗水量大、靠抽取地下水灌溉的冬小麦休耕，减少农事活动，减

少地下水抽取,力争地下水超采势头得到有效遏制,满足胡杨林正常生长发育的需求。(4)湖南重金属污染区。重点在长株潭重金属污染区实施,在建立防护隔离带、阻控污染源的同时,采取"休、治、培"综合治理模式,通过施用石灰、翻耕、种植绿肥等农艺措施,以及生物移除、土壤重金属钝化等措施,修复治理污染耕地。优先种植生物量高、吸收积累作用强的植物,不得改变耕地性质。(5)西南西北生态严重退化地区。重点在贵州、云南、甘肃坡度15°以上、25°以下的生态严重退化地区实施,调整种植结构,改种防风固沙、涵养水分、保护耕作层的植物,同时减少农事活动,促进生态环境改善。在补助方式方面,中央财政对耕地轮作休耕制度试点给予适当补助。在确保试点面积落实的情况下,试点省可根据实际细化具体补助标准。在操作方式上,可以补现金,可以补实物,也可以购买社会化服务,提高试点的可操作性和实效性。河北、湖南省休耕试点所需资金结合中央财政地下水超采区综合治理和重金属污染耕地综合治理补助资金统筹安排。

《黑龙江省2019年耕地轮作休耕试点实施方案》规定其试点任务是:全省实施耕地轮作休耕试点面积1415.17万亩,其中耕地轮作试点1200.59万亩(含2017年实施试点面积230.21万亩,到2019年结束;2018年实施试点面积624.52万亩,到2020年结束;2019年新增实施3年试点200万亩,到2021年结束;2019年新增实施1年试点145.86万亩,到2019年底结束),水稻休耕试点214.57万亩(含2018年试点122.89万亩,到2020年结束;2019年新增试点91.68万亩,到2019年底结束)。对于轮作试点区域,规定对2017年、2018年开始并已实施轮作试点的区域(实施3年试点地块,

15. "耕地轮作休耕"不仅仅是让耕地歇一歇、让生态喘口气的问题

不含 2016 年试点），按照"一定三年"的要求继续开展试点，试点任务依据 2018 年 12 月份各地农业部门和财政部门实际核查并上报省农业农村厅的核定面积进行落实，保持政策的连续性。2019 年全省新增耕地轮作试点任务分为实施期限 1 年和 3 年，以第二、三、四、五积温带为主，兼顾其他积温带，县（市、区、场、局）在分配试点任务时，要优先考虑集中连片地块，鼓励以乡（镇、场）、村（屯、站）为单位整建制推进。对于休耕试点区域，规定对 2018 年开始并已实施水稻休耕试点的区域，按照要求继续开展试点，试点任务依据 2018 年 12 月份各地农业部门和财政部门实际核查并上报省农业农村厅的面积进行落实，保持政策的连续性。2019 年全省新增水稻休耕试点任务实施期限为 1 年，以三江平原第三、四积温带地下水下降区、井灌稻区及 2018 年—2019 年灌区田间工程建设项目区为试点区域，县（市、区、场、局）在分配试点任务时，要优先考虑集中连片地块，鼓励水稻休耕试点以乡（镇、场）、村（屯、站）为单位整建制推进。对于实现轮作技术路径方面，规定 2017 年、2018 年开始并已实施及 2019 年新增实施 3 年的轮作试点地块推广"一主多辅"种植模式，以玉米与大豆轮作为主，与小麦、杂粮杂豆、蔬菜、薯类、饲草、油料作物、汉麻、中草药（1 年生）等轮作为辅，大力提倡"三三制"轮作，允许实行"二二制"轮作。2019 年新增实施 3 年试点和 1 年试点地块前茬（2018 年）必须为种植玉米或小麦，2019 年必须种植大豆，实行米豆轮作或麦豆轮作（对青冈县、孙吴县等汉麻产业基地，允许 2019 年新增试点种植汉麻）。对于实现休耕技术路径，则规定 2019 年新增水稻休耕试点地块前茬（2018 年）必须为种植水稻，2019 年进行休

耕。2018年开始并已实施水稻休耕试点和2019年新增水稻休耕试点,稻田休耕期间要加强地力保护和管理,鼓励深耕深松、种植苜蓿(油菜)或蔬菜等肥田养地作物(非粮食作物),提升耕地质量,力争地下水下降势头得到有效遏制,粳稻过剩状况得到改善。对休耕地采取保护性措施,禁止弃耕、严禁废耕,不能减少或破坏耕地、不能改变耕地性质、不能削弱农业综合生产能力,确保急用之时能够复耕,粮食能产得出、供得上。对于耕地轮作休耕试点补助对象,规定是自愿参加耕地轮作休耕试点,在试点县(市、区、场、局)内合法耕地上,严格按照与乡镇政府(农场、林业局)签订协议书确定的内容(含地块信息、任务面积、技术路径、相关义务等)开展轮作休耕试点的种植大户、家庭农场、农民专业合作社等新型农业经营主体或自主经营的农户(职工)。轮作休耕试点补助对象是实际生产经营者,而不是土地承包者。实施3年试点原则上"一定三年"不变,即:承担试点任务起始年份是2017年的,补助到2019年;承担试点任务起始年份是2018年的,补助到2020年;承担试点任务起始年份是2019年的,补助到2021年。耕地轮作休耕试点补助标准暂定轮作试点每亩每年补贴150元,水稻休耕试点每亩每年补贴500元,最终以中央财政核发标准为准。农业部门将耕地轮作休耕试点面积核实准确并符合耕地轮作休耕试点技术路径要求后,财政部门采取一折(卡)通的方式,将补贴资金直接兑付给承担试点任务的新型农业经营主体和自主经营的农户。

《山东省农业农村厅山东省财政厅2019年耕地轮作休耕制度试点实施方案》中,提出技术路径是:(1)推进规模化种植。在自然条件适宜、产业基础良好的沿黄、沿湖、沿海等大

15. "耕地轮作休耕"不仅仅是让耕地歇一歇、让生态喘口气的问题

豆、花生主产县(市、区),集中连片开展玉米与大豆、玉米与花生轮作,扩大种植规模,增加市场供给能力。(2)推行标准化生产。大力推广轻简化、标准化栽培技术,支持试点区域实施统一选用良种、统一整地播种、统一肥水管理、统一病虫防治、统一机械收获,探索建立标准化、绿色化轮作生产新模式,推进农业生态环境持续改善。(3)示范推广新型耕作制度。探索建立耕地轮作长效机制,总结玉米与大豆、玉米与花生轮作的成功经验,集成推广新技术、新模式,为全省大规模推进耕地轮作制度改革提供示范和样板。轮作休耕制度试点方案规定补助对象是自愿参加并签订耕地轮作休耕试点协议的种植大户、家庭农场、农民专业合作社、农业企业等新型农业经营主体或农户。补助对象是实际生产经营者。补助依据是大豆或者花生的实际种植面积。补助标准是中央财政按照每亩150元的标准给予补助。省财政厅根据试点县(市、区)承担的任务量,将中央财政补助资金拨付至试点县(市、区)。在确保试点面积落实的情况下,各地可根据不同地区实际细化具体补助标准。在补助方式上,可以补现金,可以补实物,也可以补社会化服务,切实提高试点的可操作性和实效性。同时继续实施大豆、花生农业保险,各级财政给予一定的保费补贴,帮助农户预防各类自然灾害,提高风险保障水平。具体政策参照《山东省大豆种植保险条款》《山东省花生种植保险条款》执行。山东省还将大豆、花生播种、收获机械纳入农机购置补贴范围,鼓励农户和农业新型经营主体购买机械,提高大豆、花生生产机械化水平。

《天津市2019年耕地轮作休耕制度试点实施方案》中,规定试点区域是以南部地下水漏斗区为重点,兼顾东部、北

部、中部、西部，在全市东、北、中、西不同生态区探索用地养地结合模式，同时与粮食生产功能区建设和绿色高产高效示范区创建相结合，发挥耕地轮作休耕制度在推进生态建设、保护耕地地力的综合作用。选择相对集中连片、四至清晰的耕地，相对集中连片的面积，粮豆轮作面积原则上不得低于200亩，种植绿肥休耕原则上不低于100亩，间作和套作地块不得列入试点。技术模式是在无地表水灌溉和深层地下水严重超采区休耕耗水较大作物实行"一年一熟"制，种植一季春播豆类；在土壤状况较差的麦区，推广小麦与夏播豆类"一年两熟"制轮作模式；在区域生态功能退化、可利用水资源匮乏等不宜连续耕作的农田实行休耕一季种植绿肥翻耕还田。通过种植绿肥还田和粮豆轮作，提高土壤肥力，特别是选择耐旱耐瘠薄的豆类轮作，可以减少灌溉用水和用肥，在提升生态效益的同时，增加优质食用豆类供给，满足多元化消费需求。耕地轮作休耕制度试点补助标准实行与不同作物的收益平衡点相衔接，互动调整，保证农民种植收益不降低，种植一茬春豆类或麦豆轮作按照每亩不超过200元标准进行补助，同时享受农业支持保护补贴；休耕一季种植二月兰、油菜等绿肥品种还田按照每亩不超过600元标准进行补助。补助对象是试点区范围内种植大户、家庭农场、农民合作社、农业企业、国有农场等经营主体。

16. "粮食紧平衡"是我国未来粮食供求的长期状态

目前,我国谷物自给率超过95%、口粮自给率达到100%,人均粮食占有量达到480公斤,较世界平均水平高出37%。尽管粮食连年丰收,但我国粮食供求总体上仍然是"紧平衡"。足够的粮食供给是粮食安全的关键。粮食生产能力的大小,直接关系到粮食安全的主动权。改革开放前,粮食生产跨越3000亿斤~6000亿斤的四个台阶用了29年时间。而从20世纪70年代末到1998年粮食生产跨越6000亿~1万亿斤的四个台阶只用了18年。2003年后随着一系列粮食保护政策的出台,2007年—2012年粮食产量稳定在5亿吨以上。2004年以来我国粮食生产实现了"十二连增",但同时,我国的粮食需求也在同步增长。12年中有10年不能够实现当年粮食产需平衡,出现了产需缺口,平均年均产需缺口达到198亿斤。表明了在连续12年增产的条件下,却发生了"丰年缺粮"的现象。同时表明了我国粮食产需依然处于紧平衡的状态。目前全国粮食库存居历史最高点,其中1/6的粮食储存在简易仓囤,这使安全储粮面临前所未有的困难和挑战。2004年后12年中,仅2008年和2009年粮食产销大于需,其余年份均是产不足需，且缺口日益增大。2012年底，中国粮食自给率跌破90%，远低于官方95%的规划目标。此外，粮食增产速度也开始大幅放缓。由于粮食比较效益递减等原因，粮食的播种面积、耕地质量都有所下降，尽管2013年全国粮食总产量达到60193.5万吨。到了2018年，农产品贸易逆差达到574亿美元。其中，玉米产需出现缺口并呈现扩大趋势，大豆产需缺口大、对外依存度超过80%。粮食供求的"紧平衡"压力越来越大。中国粮食供求的"紧平衡"主要体现在三个方面，即粮食供求之间的平衡存在着脆弱性、强制性和替代性。平衡的脆弱性主要表现在保障粮食安全的资源条件贫乏，粮食增产的基础并不牢固。同时，粮食生产投入和产出的不对称，也导致粮食生产的机会成本上升，使粮食供求总量的暂时平衡难以经受剧烈的市场波动。平衡的强制性主要表现在种粮成本快速增长，农民种粮比较收益不高，粮食生产只有在政府的强力主导下，通过粮食政策、生产补贴等手段，才能维持原有的粮食种植规模和粮食生产加工能力。平衡的替代性主要体现为主要粮食品种的国内供求松紧不一。具体地说，在中国的几大粮食物种中，小麦供求总量基本平衡，而稻谷消费比重逐步提高，供求总量长期偏紧；玉米由于饲料与工业加工需求逐年增加，供需关系日趋偏紧。目前中国大豆供给安全已从国内生产转向依靠国际市场进口，而玉米供给安全正逐渐从国内生产向国际市场进口转变。有关专家曾预测，目前中国人口为14亿左右，粮食需求按人均占有390公斤计算，总需求量将达到5.5亿吨，2030年人口达到16亿峰值，按人均占有400公斤计算，总需求量达到6.4亿吨左右。此外，粮食作为饲料的比重将越来越大，工业用粮相应也会增加，进而使人均粮食

16. "粮食紧平衡"是我国未来粮食供求的长期状态

占有量的标准大大提高，给粮食自给添加新的压力。从未来发展趋势看，中国粮食供求的紧平衡状态将是一个长期的历史现象，这是由多重约束因素决定的。中国耕地面积虽然排世界第四，仅次于美国、俄罗斯和印度，但相对庞大的人口，人均耕地面积仅 1.4 亩，世界排名位于 126 位之后，不到世界平均水平的一半。中国耕地面积逐年减少，维持耕地面积不低于 18 亿亩的临界值异常艰难。

其实，关于粮食"紧平衡"问题，古人早有相关阐述。《管子·轻重戊》中有一则"种桑误国"的故事，说的是管仲辅佐齐桓公，让他带头率领齐国人穿绵绨的衣服，同时给予贩卖绵绨的商人以高额补贴，使得邻近的鲁、梁二国纷纷放弃农业改为织绨。过了一年，齐桓公又带头改穿帛料衣服，齐国人纷纷效仿。鲁、梁二国的绵绨卖不出去，粮食短时间也种不出来，朝廷赋税断绝。三年后，"鲁梁之君请服"。李克强总理在 2017 年《政府工作报告》中提到，粮食连续增产，面临库存大幅增加、市场价格下跌等问题。要适当调减玉米种植面积，积极稳妥推进玉米收储制度改革，多措并举消化粮食库存。李克强总理的阐述是基于我国的粮食供给仍然处于"紧平衡"状态前提下而提出的粮食生产结构性问题。结构性矛盾目前国内农业生产的主要问题之一，且目前国际粮价比国内要低，进口粮食要合算得多。但若养成依赖进口的习惯，那么极有可能重蹈"种桑误国"的覆辙。进口粮食表面上看现在是歌舞升平，实际上则是危机四伏。目前粮食产量虽然年年丰收，但那是建立在多施化肥、多撒药、多浇水的基础上的。我国的粮食产能已经逼近极限，继续的提高的空间非常有限。目前国内农业生产主要是面临转方式调结构加快发展现代农业的问题。但从以往的统计数字来看，粮食紧平衡可能长期存在，这既可能是短期内偏紧的粮食供求关系带来国内粮价的上涨，又可能是农业资源禀赋条件恶化带来的国内粮食增产约束长期趋紧，也可能是国内粮食产需缺口的扩大带来的对国际粮食市场依赖程度的提高。比较2001年以来我国粮食生产价格与消费价格的变化，可以看出二者年度波动方向和幅度基本一致。2004年是进入新世纪以来粮食生产价格与消费价格涨幅最大的年份，分别比上年上涨26.2%和26.4%，但是二者也有可能不一致。2012年，粮食生产价格与消费价格分别比上年上涨4.8%和4.0%。具体到不同品种和不同时间，粮食生产价格与消费价格也有可能存在着一定的差异。如果把粮食价格作为衡量粮食供求关系变化的可观察指标，粮食生产价格和消费价格持续上涨，也基本表明粮食供求关系趋紧。从2001年到2012年，粮食生产价格上涨年份达到10个，粮食消费价格上涨年份也是10个，二者累计上涨幅度分别达到123.6%和106.0%。粮食价格不断上涨，虽然可能与粮食价格干预政策等因素有关，但也不能排除粮食供求关系总体趋紧。1998年，我国粮食曾达到历史上最高的5.1亿吨水平，当时国内曾出现普遍的卖粮难和粮价低迷，粮食丰年有余十分明显。2012年，我国粮食总产量达到5.9亿吨，同时进口粮食超过7200万吨，新增粮食供给超过6.6亿吨，创历史新高，但是粮食并没有出现明显普遍的过剩。粮食历史上两个最高产量及其所出现的粮食形势变化表明我国粮食供求关系新的格局已经形成，粮食紧平衡可能是一个长期的态势。尽管2018年总进口量11555万吨，较2017年进口13062万吨减少11.5%的规模。

近年来我国人口增长虽然缓慢，但是人口总量仍然在不断

16. "粮食紧平衡"是我国未来粮食供求的长期状态

地扩大。2018年末中国大陆总人口139538万人,虽然比上年出生人数减少200万人,但较上年末仍增加530万人。新增人口需要消费更多的粮食。我国目前正处在快速城镇化阶段,城镇每年新增人口大部分来自农村,这意味着有一部分人不但不生产粮食而且要消费粮食。城乡居民食物消费结构差异决定了进城居民将消费更多的粮食。城镇居民比农村居民直接消费的口粮虽然较少,但是消费肉禽蛋奶水产品等动物性食物则相对较多。畜水产品需要饲料粮来转化。城镇居民和农村居民还会随着收入和生活水平的提高,消费越来越多的动物性食物。未来玉米饲料粮的需求刚性增长是粮食紧平衡的主导因素之一。近年来我国粮食深加工虽然受到国家严格控制,但是工业用粮需求仍然十分强劲。随着粮食用途空间的不断拓展和粮食深加工技术的逐步成熟,未来工业消耗粮食仍呈增加趋势。我国是人多地少水缺的国家,特别是水资源与耕地资源不匹配,有土地的地方没有淡水,有淡水的地方没有耕地,进一步加剧了粮食生产资源的紧缺。未来经济建设还需要占用一定的耕地,粮食主产区北移不断地消耗淡水资源以及生态环境负荷加重,都会使得粮食增产的代价越来越沉重。我国2亿多农户的平均农田占有面积非常小而地块过多,加上农业生产资料价格上涨和劳动力机会成本上升过快,耕地流转租金居高不下,这些因素都始终影响着农民种粮积极性。我国粮食形势及其影响因素的变化,意味着国内粮食产需缺口将会呈现扩大态势。"粮食紧平衡"的问题从2012年开始逐步受到政府重视。从2012年的统计数字来看,粮食我国总产量明显地超过5.5亿吨,表明我国粮食国内生产能力在不断提高。随着我国多年保持外贸顺差,国家外汇储备充足,农产品进口能力显著提高。据农业部和中国人民银行的资料，2012年，我国食用农产品进口额（农产品进口总额扣除棉花进口额）约为1005亿美元，与当年末国家外汇储备余额的百分比仅为3%，这一比重比上年提高0.4个百分点。从进口能力来看，我国进口食用农产品所使用的外汇仅仅是国家外汇储备中的很小一部分。外汇并不构成我国农产品进口的约束因素。单纯地用粮食自给率衡量我国粮食安全状况是片面的。经济界有一种称作需求创造供给的观点。综观世界各国经济发展过程中食物消费结构变化的一般态势，肉禽蛋奶水产品动物性产品等消费越来越多，而直接口粮消费越来越少。我国也不例外，随着居民收入水平的提高，城镇化的推进，城乡居民食物消费结构正在不断升级，其中一个重要特征是人均口粮消费量由减少到趋于饱和。过去的米面等主食人均消费量总体上理应趋于减少。我国城镇居民人均口粮消费量约在80公斤水平波动，而农村居民人均消费量则仍在不断减少，2011年农村居民家庭粮食消费量已经下降到约170公斤。我国人口总量已经进入到低增长阶段，新增人口对于短期内粮食消费影响可以不作为重要因素进行分析。但是，城乡居民人均粮食消费量的明显差异，在快速城镇化背景下具有更深层次的影响。每年有大量农村人口涌入城镇，食物消费结构自然发生改变。在消费环境发生变化的情况下，农民工直接口粮消费可能会减少，而动物性食物消费会增加，这意味着农民工进入城镇，可能会带来直接口粮的减少和饲料粮的增加，自给性粮食消费的减少和商品化粮食消费的增加，家庭粮食消费的减少和在外用餐中粮食消费的增加。除了农民工外，快速城镇化还包括一部分农村居民因失去土地而成为城镇居民的情形。粮食消费市场规模总体上理应趋于扩大。但是，农民工进入城镇的会带有流动性，会推进新型城镇化。不同城镇间的流动，特别是农民工回流，都会对粮食供求及其结构产生影响。党的"十八大"提出"新型城镇化"的一个重要目标是将农民工市民化。如果农民工市民化取得实效，粮食市场规模扩大的稳定性无疑会增强。目前，我国家庭自给性粮食消费量趋于减少而外购粮食消费量趋于增加是居民食物消费结构的重要特征。工资收入的增长，消费能力的提高，特别是做饭的机会成本上升，时间价值的珍贵，都会带来外购粮食消费的增加。党的"十八大"以来，我国加大了反腐败的力度，大刹吃喝之风，倡导"光盘"风气，中高档餐饮业经营受到明显冲击。中高档餐饮业主食消费量不多，口粮消费可能受到影响较小。相反，大吃大喝少了，快餐业快速发展的机会可能多了。我国目前居民家庭人均粮食消费量虽然基本趋于饱和，但是外购粮食质量的提高仍然存在着较大的空间。过去，我国城乡居民家庭人均粮食消费经历了细粮替代粗粮的阶段。但是，随着人们对食物营养结构与健康认识的水平提升，粮食消费多元格局已经形成，特别是粗粮消费和简单加工的粮食消费可能反而会出现相对较大的增长空间。

国以民为本，民以食为天。作为拥有13亿多人口的最大的发展中国家，粮食安全问题始终是党和政府面临的最直接、最现实、最根本的重大挑战。党的十八大以来，习近平就粮食安全问题多次发表重要讲话并做出重要指示。纵观习近平的从政经历，不难发现，不论是在基层工作岗位还是担任国家领导人，他始终高度重视粮食安全问题，并一以贯之地抓好粮食生产工作。2014年，我国产粮60710万吨，增加516万吨，增产0.9%。其中，稻谷产量20643万吨，增产1.4%；小麦产量

12617万吨，增产3.5%。这是自2013年我国粮食产量首次突破1.2万亿斤的"高点"之后，再次取得历史性突破。粮食生产连年丰收，确保了"把中国人的饭碗牢牢地端在自己手中"。根据联合国粮农组织（FAO）对粮食安全的定义，当所有人在任何时候都能在物质上和经济上获得足够数量有营养并且安全的食物，以满足其积极和健康的膳食需要及食物喜好时，才实现了粮食安全。国家要确保持续稳定地拥有足够数量和种类的粮食来满足国民需求，包含粮食年产量、粮食年储备量和粮食年净进口量之和的年粮食总供给数量充足，还包括满足粮食消费需求的多样性。粮食安全是新时期党和政府实施的国家首要战略。2012年11月30日，习近平在中共中央召开的党外人士座谈会上指出："要加强和巩固农业基础地位，加大对农业的支持力度，加强和完善强农惠农富农政策，加快发展现代农业，确保国家粮食和重要农产品有效供给。"2013年11月28日，习近平在山东农科院召开的座谈会上指出："手中有粮，心中不慌。保障粮食安全对中国来说是永恒的课题，任何时候都不能放松。"在2013年12月，中央经济工作会议首次明确提出了"实施以我为主、立足国内、确保产能、适度进口、科技支撑的国家粮食安全战略"，将"切实保障国家粮食安全"首次跃升为六大任务之首，并在随后召开的中央农村工作会议上再次突出强调了国家粮食安全战略，指出："中国人的饭碗任何时候都要牢牢端在自己手上，我们的饭碗应该主要装中国粮，一个国家只有立足粮食基本自给，才能掌握粮食安全主动权，进而才能掌控经济社会发展这个大局。"2014年5月9日，习近平来到河南省尉氏县张市镇高标准粮田综合开发示范区考察时强调："粮食安全、'三农'工作是

16. "粮食紧平衡"是我国未来粮食供求的长期状态

一切工作的重要之基，各级党委和政府一定要抓紧抓紧再抓紧。"2015年5月27日，习近平在华东7省市党委主要负责同志座谈会上指出："要着眼于加快农业现代化步伐，在稳定粮食和重要农产品产量、保障国家粮食安全和重要农产品有效供给的同时，加快转变农业发展方式，加快农业技术创新步伐，走出一条集约、高效、安全、持续的现代农业发展道路。"习近平在对当前和今后一段时间国家粮食供需两方面因素进行深刻分析的基础上，提出了"在很长一段时间内，我国的粮食供求将处于紧平衡状态"的战略判断。作为世界上人口最多的国家，也是粮食需求量最大的国家，中国年粮食消费量占世界年粮食贸易总量的约两倍。中国的粮食安全问题不仅是中国人自己关心的话题，也是国际社会关心的热点话题。联合国粮农组织（FAO）和经合组织（OECD）联合发布的《2013—2022年农业展望》指出：在经济快速增长和资源有限的约束下，中国的粮食供应是一项艰巨的任务，中国的粮食消费增长将略高于其产量增长。对于担忧和质疑，习近平指出："自力更生任何时候都不能少，我们自己的饭碗主要要装自己生产的粮食。"在中美农业高层研讨会上，习近平强调："中国推进农业结构战略性调整中，高度重视粮食生产和供给，确保粮食安全。中国确保自身粮食安全，展现了中国负责任大国的良好形象，也是对世界粮食安全的最大贡献。"对于世界上任何国家而言，粮食都是一项极其重要的战略物资。中国作为当今世界人口最多的国家，必须要确保把饭碗牢牢的端在自己手中。习近平指出："保障国家粮食安全是一个永恒的课题，任何时候这根弦都不能松；靠别人解决吃饭问题是靠不住的，绝不能买饭吃、讨饭吃。"《国家粮食安全中长期规划纲要

(2008—2020)》提出，中国粮食自给率需稳定在95%以上，其中稻谷、小麦要保持自给，玉米要保持基本自给。来自WTO的统计数据显示，近三年来全球约80%的大米出口来自泰国、越南、印度、巴基斯坦和美国，约60%的小麦出口来自美国、法国、澳大利亚和加拿大，约65%的玉米出口来自美国、巴西和阿根廷，粮食出口高度集中于少数国家。"适度进口"一方面要合理利用国际农产品市场，通过优化粮食进口来源地布局，加强与主要粮食生产国建立稳定的贸易伙伴关系，寻求多种渠道的合作模式，充分融入国际粮食贸易市场，运用粮食贸易调节国内粮食结构，以适应国内消费者不同层次的多样化需求，不断丰富人民群众的粮食消费选择权，提高消费者的福利水平。另一方面，要加快实施农业走出去战略，培育一批有国际视野和国际竞争力的大型粮油企业集团，对接"一带一路"战略，鼓励和支持企业到境外特别是周边国家开展互利共赢的农业生产和进出口合作，主动参与国际粮食贸易竞争，提高我国企业在国际粮食市场上的话语权。

2019年1月23日，中国海关总署公布了2018年12月粮食进出口数据。12月中国粮食进口728万吨，同比大幅减少40.9%。其中，稻米进口27万吨，同比减少36%，海关总署公布数据显示，稻米进口同比自2018年2月以来一直处于负增长，这是国内粮食政策改革以及进口米标准提高等带来的效果。玉米进口42万吨，继上月同比大幅增加438.7%后小幅减少8.2%，后期市场关注重点还是在中美贸易问题磋商进度。小麦进口24万吨，同比增加14%，为2018年6月以来首次同比正增长。市场消息称，中国官员正在考虑采购多达700万吨美国小麦，如实现，这将是多年来中国首次大规模恢复进口美国小麦。大豆进口572万吨，为2012年来同期最低水平，同比减少40.1%，主要原因是国内爆发了非洲猪瘟，养猪业陷入困境，大豆需求下降，再加上全球经贸关系不稳定削弱了中国买家对进口大豆的热情。海关总署公布数据显示，2018年2月以来，玉米进口同比一直保持为负值。2018年全年我国粮食累计进口11555万吨，同比减少11.5%，主要是由于大豆进口量减少。具体地，玉米进口352万吨，同比增加24.7%。由于乌克兰的玉米性价比更高，自2014/2015年度以来玉米进口的主要来源国已经由美国转为乌克兰，2017/2018年度自乌克兰进口玉米占总进口比例达到84.48%。小麦进口310万吨，同比减少29.9%。稻米进口308万吨，同比减少23.6%。大豆进口8803万吨，同比减少7.9%。中美贸易战发生之后，中国买家不敢冒险买美国大豆，美豆进口量大幅缩减，上海汇易网数据显示，2018年美国大豆对华装运数量不超过900万吨，同比大减7成以上。2018年玉米进口增加，替代品进口大减。2018年玉米进口352万吨，同比增加24.7%；替代品进口大减，大麦进口682万吨，同比减少23.1%，高粱进口365万吨，同比减少27.8%。2018年上半年，尤其是3—5月，当时国内玉米市场价格上涨，国内外玉米价差扩大，刺激了进口，3月进口6万吨，同比增加1078.9%，4月进口38万吨，同比增加12091.6%，5月进口76万吨，同比增加1684.3%，拉动了玉米全年进口情况；2018年下半年，受中美贸易摩擦影响，国外玉米和替代品进口受限，再加上，低价临储玉米大量投放，吸引深加工企业参与拍卖，玉米市场流通整体充足，据广东华南粮食交易中心信息部的统计，2018年临储玉米拍卖自4月12日开始，于10月

26日结束，历时近7个月，累计投放21989.6万吨，实际成交10013万吨，创近年新高。2018年大豆进口量7年来首次下滑。海关总署数据显示，2018年大豆进口8803万吨，同比减少7.9%，为2011年以来首次同比负增长，主要是受中美贸易战的影响。2018年7月对原产于美国的大豆加征25%关税后，中国几乎不再买任何美国大豆。之后，美国空出的市场逐渐由其他国家替代，尤其是巴西。据巴西《圣保罗页报》报道，巴西谷物出口商协会（ANEC）公布的数据显示，2018年巴西共出口大豆8280万吨，该协会会长塞尔吉奥·门德斯表示，过去的一年中美两大经济体的贸易摩擦让巴西大豆出口增加了1000万吨左右。与此同时，其他大豆供应国也在努力占据更多中国大豆市场份额，俄新社11月28日曾报道称，俄罗斯总统普京表示，中美之间的贸易战给莫斯科提供了机遇，美国曾经大量出口大豆，现在俄罗斯将着手此事。中国海关总署12月21日公布，12月19日，海关总署副署长张际文与玻利维亚农业发展和土地部部长科卡里科在北京共同签署了《中华人民共和国海关总署与多民族玻利维亚国农村发展和土地部关于玻利维亚大豆输华植物检疫要求议定书》。进入2019年，美国大豆对华出口速度有所加快，据每日粮油报道，美国农业部数据显示，截至2019年1月17日的一周，美国对中国（大陆地区）装出六船大豆，其中美湾两船，太平洋西北口岸四船，创下自中美贸易战开战以来的最高水平。伴随着美国大豆出口量的增加，加上中国买家不断扩大采购渠道，以及近期国内养殖业受疫情影响削弱了对大豆的需求，巴西大豆价格开始回落，再度夺回优势。数据显示，1月17日巴西大豆到岸完税价2927元/吨，创下2016年中期以来的最低水平。总体来看,由于当前全球贸易关系不稳定,各个大豆供应国都想在中国市场分一杯羹,中国的大豆采购也变得更加难以捉摸。

由于中国进口粮食的规模巨大,自然有会对进口国的农业生产产生积极作用。2014年1月份巴基斯坦成为本月我国大米进口第一大国,取代泰国、越南大米的位置。海关数据显示,2014年1月我国从巴基斯坦进口大米9.02万吨,占1月份进口总量(下同)的45.17%;从越南进口大米5.09万吨,占25.46%;从泰国进口大米5.04万吨,占25.23%。而巴基斯坦大米在2011年全年的进口量也仅为1.16万吨,占大米进口总量比例不足2%。随着国内外大米价差的加大,以及巴基斯坦大米出口供应能力的增强,2012年以来,巴基斯坦大米出口到我国的数量快速增加,并从2012年开始超过泰国,成为我国第二大进口国。2012年、2013年从该国进口大米攀升至57.96万吨及41.70万吨;占我国大米进口份额的比率也增加至24.72%和18.58%。2014年1月更是凭借其价格优势,超过越南成为我国第一大进口国。从巴基斯坦大米出口规模的不断扩大,我们可以看出,国际大米市场的供应是会随着需求膨胀而被培育起来的,我们不能用静态的思维去分析。特定阶段的国际大米市场贸易量是根据当时市场的供需情况来决定的。需求的国家少了,出口的国家自然随之减少,不会有多余的供给平白无故地摆在那。巴基斯坦大米就是个很好的例子,为了满足中国市场,它们还在很多品种上做了创新。因此,我们作为国际粮食市场的需求方,应该更有底气,更有话语权,不能总是以当前的供需格局来预测未来,认为我们的进口大米需求一放大,国际市场满足不了我们,就有风险。其实不然,我们如果能够提早释放加大需求的信息,供应会很快被培育起来。这样的思维也有助于我们深化国际粮食市场的贸易。进入2014年，泰国和越南大米的价格走势再次反转。数据显示，3月6日，泰国5%破碎率大米FOB出口价格为448美元/吨，比2014年年初上涨28美元/吨；越南5%破碎大米FOB出口价格为400美元/吨，比2014年年初下跌10美元/吨。越南米在2013年下半年起受需求增加而价格走高，导致市场需求减少。根据越南国内数据，2014年1月份越南出口30.7万吨大米，比上年同期减少24%。2月上半月越南出口大米3万吨，同比减少91%。而泰国大米则因价格回落重受市场青睐，政府间大米交易量随着中泰两国政府进口100万吨大米的备忘录而增加。

中国作为国际玉米新兴的潜力买家，其进口举动自然牵扯着几大主要出口国。从2010年开始，我国玉米进口突破百万吨，已成为全球第五大玉米进口国。一直以来，美国都是我国玉米进口的主要来源国，2010年—2013年，90%以上的玉米都从美国进口。但2014年以来，这个比例大幅下降，其中1—4月来自美国的进口玉米比例下降达9成。中国正在谋求粮食进口国的多元化，以更安全地利用国际粮食市场。2014年中巴两国检验检疫部门签署了《关于巴西玉米输华植物检疫要求议定书》。巴西玉米获得出口中国的检验检疫资格，自3月31日起允许符合《进口巴西玉米植物检验检疫要求》的巴西玉米进口。而2012年2月份我们与阿根廷也签署了类似的协议。当前，美国、巴西、阿根廷是全球三大玉米出口国。其中美国的出口量最大，达到4318万吨，而巴西和阿根廷的数量也很大，分别达到2000万吨和1600万吨。过去巴西和阿根廷仅仅小规模对华出口玉米，每次出口量只有几百吨。但是

16."粮食紧平衡"是我国未来粮食供求的长期状态

随着植物检疫协定等产品安全协议的签署,这将为大批对华出口玉米铺平道路,出口量或将达到每个月数十万吨。2013年中国已成为美国第四大玉米主要出口国,2013年全年进口量超过500万吨,其中91%来自美国,占美国总出口量的10%左右。玉米出口量的下降将影响美国农民收入,这对美国政府构成了一定的压力,如果退运事件持续悬而不决,可能会引发小范围的中美贸易战。尽管当前中国玉米的进口量较日本1600万吨、墨西哥1090万吨、韩国900万吨的规模还有一定差距,但其增长趋势是最受国际市场重视的。美国农业部近日发布的报告指出,中国将在2020年超过日本成为全球最大的玉米进口国,届时玉米进口量将达到2200万吨。因此,美国对这个市场市很重视。

在中国人口仍然保持增长趋势且工业对农产品消费需求不断增加的形势下,只有保持粮食产量不断增长,粮食安全才能有根本的保证。(1)坚守耕地红线,确保粮食基本供给能力。耕地是粮食生产的基础,保证粮食基本自给是实现国家粮食安全的最基本条件,而耕地资源的数量和质量是粮食自给的最基本前提。中国的粮食安全战略必须在保护耕地数量的同时,高度重视耕地质量改善及土地的可持续利用。要实现确保谷物基本自给、口粮绝对安全的目标,必须坚守18亿亩耕地红线,保持现有耕地面积的基本稳定。既要提高粮食单产水平,又要积极开发后备土地资源。城市化建设要调整传统的占地扩张路径,充分利用非耕地扩张城市空间。最重要的是,要积极完善粮食生产总体规划,根据主要粮食的市场需求结构特点和变化趋势,确立不同品种主粮在粮食安全中的地位,使粮食自给率目标和粮食生产布局、品种结构相协调。在优化粮食生产布局，加强优势粮食主产区规划，加快粮食示范区产业带建设的基础上，明确基本播种面积和基本产量目标，挖掘国内粮食生产潜力，确保粮食基本供给能力需要多管齐下。要加强对土地整治工作的专项投入，使之直接用于改造中低产田和水利基础设施建设，将中低产田建成旱涝保收、高产稳产、节水增效的高标准农田。要加强粮食品种品质改良工作，加大对国内原有粮食品种改良研发的投入，改变品种改良研究经费过度集中于转基因领域的状况。要加大农业科技投入，推进集约化、绿色经营，大幅度地减少农药、化肥和水资源的用量。要有序引导土地经营权流转、集中、进行规模经营。（2）改进和完善"强农惠农"政策支持体系。对农业施行政策保护是世界各国的惯例。中国的"强农惠农"政策支持体系在一定程度上缓解了粮食生产利益受损的矛盾。但需要在更高层次上进行政策设计，保护粮食生产积极性。要改变"普惠"式的粮食生产直接补贴。无论是按农业计税面积，还是按种粮面积或者农民出售商品粮数量，都必须促进粮农增收、有利于调整粮食种植结构，使粮食主产区通过增产获得更多的额外补贴。要改变"静态"式的粮食补贴方式，提高农资综合直补标准，弱化农资价格波动的左右。实行综合补贴"动态"调整机制，统筹考虑化肥等农资价格和粮食价格，使农资综合直补与农资价格涨幅挂钩浮动。要提高良种补贴标准，扩大补贴范围，使补贴范围涵盖小麦、水稻、玉米和东北大豆等多个品种，同时将污染治理费用纳入农业补贴体系中。要在粮食价格支持和直接补贴之外，进一步改进粮食储备、政策性粮食销售和粮食加工产业政策，在粮食流通领域也要出台优惠政策，减轻粮食贮存、交易和加工利用中的负担。（3）统筹考虑粮食进口贸易的量

16. "粮食紧平衡"是我国未来粮食供求的长期状态

及其结构。目前，全球粮食贸易量每年在 4 亿吨左右，仅占我国年消费量的三分之二。我国粮食个别品种供求矛盾突出，大豆对外依赖程度超过 80%。现阶段我国粮食供过于求与供给不足并存，优质粮食供给不足成为"短板"。化解粮食粮食安全矛盾，要着眼于有效统筹国内生产和进口需求，确保贸易政策与国内产业政策相衔接，进出口调控与国内供需趋势相协调。实践中，要利用好关税、关税配额等管理措施，发挥其"门槛"作用，避免粮食进口对国内趋势价格的过度打压和抑制。要统筹考虑粮食进口在平抑国内市场和干预国际市场中的作用，建立合理的进口储备机制，提高库存量，提升干预粮食市场能力。要建立粮食安全的风险预警与快速反应机制，防范和减少不合理进口，避免其对国内粮食生产的冲击。要稳定国际间的粮食产销关系，加强与货源国的互利互惠联系，并鼓励企业走出去，建立稳固的进口粮源保障体系。要提高贸易话语权。通过政府主导或政府支持、粮食行业协会协调运作的方式，发展和完善粮食国际贸易机制，提高粮食贸易中的谈判能力和对价格、交易量的影响力。